海外及港台藏历代佛像

金申 编著

上海古籍出版社

图书在版编目（CIP）数据

海外及港台藏历代佛像 / 金申编著 .
-- 上海：上海古籍出版社，2023.11
ISBN 978 -7-5732 -0253 -6
Ⅰ . ①海… Ⅱ . ①金… Ⅲ . ①佛像—图集 Ⅳ . ① B94-64
中国版本图书馆 CIP 数据核字（2022）第 032057 号

责任编辑：曾晓红
封面设计：严克勤
技术编辑：耿莹祎

海外及港台藏历代佛像

金 申　编著

上海古籍出版社出版发行

上海市闵行区号景路 159 弄 1–5 号 A 座 5F　邮政编码 201101

　　（1）网址：www.guji.com.cn
　　（2）E-mail：guji1 @ guji.com.cn

上海雅昌艺术印刷有限公司印刷

开本 889×1194　1/16　印张 40.25　印数 1—1,100 册

2023 年 11 月第 1 版　2023 年 11 月第 1 次印刷

ISBN 978 -7-5732 -0253 -6 / B・1252

定价：1280.00 元

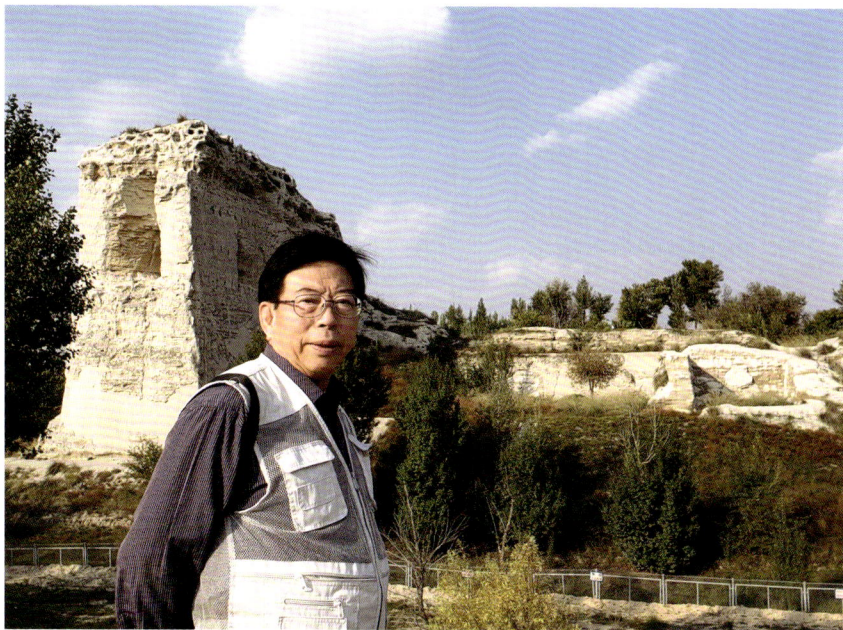

金申

中国艺术研究院美术研究所教授
中国美术家协会会员
中国国家博物馆研究院特聘研究员

　　1949 年生，北京人。1968 年从北京到内蒙古上山下乡，后毕业于内蒙古师范大学美术系。80 年代在日本东京艺术大学研究佛教美术史多年。现为中国艺术研究院美术研究所教授、国家博物馆研究院特聘研究员，中国美术家协会会员。专业从事佛教美术考古研究及文物鉴定。为中外大专院校和文博单位授课，硕博士导师，桃李天下。特别是对古代佛像的历史、时代尤其是真伪鉴定方面有独特功力，为国内外学术界公认。

序

白化文

北京大学文史教授

佛出西土，法流东方。广树仁祠，大兴像教。虽真如阒寂，而色相假名。极壮伟观，恒多名塑。惟其德相彪炳，万众视瞻；意在普觉含灵，仰兹妙善；俾使群生易度，七众知皈。于今二千年本愿不相违，亿万尊分身无量数。国步屯艰之日，法物流徙之时。九州法难人灾，群盗狗偷鼠窃。缁衣合掌，志士摧心。时运昭苏，法缘殊胜。辅翼岂乏信士，研求每见学人。吾友金申先生，少怀雅量，长负隽才。属意经论典章，研习图塑艺术。志在绚花雨乎梵宫，扬鲸波于学海。锓版专书多种，风行四海五洲。今更出其绪余，有《海外及港台藏历代佛像》之新作。方当荟萃成书，刊校告竣；即行倩予视草，属以题辞。览兹述作，法雨缤纷；披此汇集，佛光焜耀。聊为弁语，藉表赏心。岁居丙戌新春，时值和谐社会，佛历二五五零年弥勒菩萨圣诞之日，友谊颐和退士白化文谨序。

金申

笔者二十年前编辑出版的《中国历代纪年佛像图典》将国内外收藏的带有年款的具有标准器作用的佛像收集了三百多件，此书在当年佛像资料贫乏的学术界颇有应急之功，出版后资料频为人引用，反响尚佳。

今看此书，内中资料搜集极不完备，待收之佛像尚多，且是黑白图片，印刷质量与今天不可同日而语，甚至还有三、四件伪品混迹其中，每思及此，颇为不安。

近年来，笔者又多次考察欧美、日本的公私博物馆，所获颇多，这些博物馆收藏的中国佛像，很多在学术上具有重要标尺作用，有必要向国内学界介绍。故将历年所得及新获图片再次汇编成帙，以便为同仁利用并酬读者之关爱。

本书编排与《中国历代纪年佛像图典》的不同之处是本图录只取收藏于海外包括港台地区的佛像，国内收藏的佛像不予收录。内容按照金属、石质、瓷、木等质地分类，每种质地的佛像按时代先后又兼顾佛、菩萨、金刚力士、罗汉等佛像神格而排列。

每尊造像尽所知标明时代、质地、尺寸、收藏单位及在金石书籍的著录等基本情况。特别是发愿文对研究佛像甚为重要，故都详尽抄录，由于历代的金石文献和诸种著作的录文互有出入，笔者也只能择善而从，望读者便宜使用。也有少数佛像的详细尺寸和发愿文还有待搜集补充，故暂付阙如。

每尊佛像除正、侧面的形象外，还尽可能地提供局部图片，以给读者以清晰完整的资料。

国外博物馆的收藏品以我之见也不尽都是真品，有些影响很大，至今被尊为标准器而频为学者引用的名品实际上是赝品的佛像也酌情收入，加以按语以期引起学界注意，不使误入歧途。

此书也可以说在《中国历代纪年佛像图典》基础上的扩充和提高，多数图片是笔者考察各国博物馆中匆忙所得，限于摄影条件，图片质量良莠不齐，不尽人意。西文和日文以及港台的多种文献也是本书不可或缺的重要资料来源。

本书所收都是汉传佛教的造像，实际上海外及我国港台地区收藏的藏传佛教造像也数量庞大，不乏精品，具有极高的学术性和艺术性。待条件具备，也应系统地加以搜集整理，汇编成帙。

郑振铎先生五十多年前就曾编集过《伟大的艺术传统图录》，内中有青铜器、书画、陶瓷和佛像。本书所收的有些佛像，即被郑先生收录过，当年先贤早已给我们指示的治学门径，隔了这么多年，至今仍有大量的流散佛像有待我们去整理研究。

龚自珍云"但开风气不为师"，本图录实际上是笔者自用的资料汇集，公布出来，欲与同仁共享。作为文物研究，只有在充分掌握大量资料的基础上才可行，孤陋寡闻是不可能得出正确的结论的。陈垣先生当年编制的《二十史朔闰表》本来是为了自己搞研究随手使用的，印行以来，至今泽惠学人。本书资料性和艺术性兼顾，可作为向读者提供海外及我国港台地区收藏佛像线索的工具书，以便于学人继续深入调查研究之用。

殷望读者继续关爱，不吝指教。

2005 年 6 月于京西借紫斋

又：北京大学文史教授白化文先生多年奖掖后学，不吝赐序。惜于 2021 年作古，惟祈冥福。

More than ten years ago, I edited and published the "*The Chronicles of Chinese Buddhist Statues*", which collected more than 300 pieces of Buddha statues with standard models in China and abroad. That book, although came as an emergency work in the academic field when there were lack of relevant resources, was frequently quoted after publication and had a great reception.

Looking at that book today, the data collection inside was extremely incomplete. There were still many Buddha statues to be collected, and there were only black and white pictures. The quality of printing was not the same as today. Moreover, there were even three or four fakes in it. I've been quite uneasy whenever I think about it.

In recent years, after visiting museums in Europe, America, and Japan many times, I have learned a lot. Many of the Chinese Buddha statues collected by these museums do have an important academic scale. It is necessary to introduce them to domestic academic circles. This time, I compiled the pictures obtained over the past years and the newly acquired in print for the convenience of scholars in this field and rewards for my readers.

The difference between the layout of this book and "*The Chronicles of Chinese Buddhist Statues*" is that this catalogue only collects the Buddha statues collected overseas including Hong Kong and Taiwan, while the domestic collection of Buddha statues is not included. The content is classified by stone, metal, porcelain, wood, etc. The Buddha statues of each texture are arranged in chronological order as well as in the order of Buddha, Bodhisattva, Vajrayani, Arhat and other Buddha figures.

Each statue is marked with as much basic situation as possible, such as the era, size, collection entities, and its record in the gold-making books. In particular, the petition is very important for the study of Buddha statues, so it is transcribed in detail. Since the transcripts of the golden stone documents and various works of the past are different from each other, I can only choose the best, and the readers can use it at their convenience. There are still a small number of Buddha statues whose detailed sizes and petitions have yet to be collected and supplemented, therefore, their information is temporarily missing.

In addition to the front and side images, each Buddha image is also provided with partial pictures as much as possible to give the readers a clear and complete impression.

In my opinion, the collections of foreign museums are not all genuine. Some Buddha statues with a great influence even have been regarded as standard instruments and cited by scholars so far are actually fakes. Those are also included accordingly in this book to attract the attention of the academic community and please use the information under conditions.

This book can also be considered an expansion and improvement of "*The Chronicles of Chinese Buddhist Statues*". Most of the pictures are obtained in a hurry from my visit to the museums in various countries. Due to the limited conditions of photography, there is a little patchy in terms of their quality. Meanwhile, references from Hong Kong and Taiwan in China, West, Japan,, are also indispensable important sources of this book.

Another point to note is that all the statues collected in this book are Buddhist Buddha statues. Actually, there are also a large number of Tibetan Buddha statues collected in foreign countries as well as Hong Kong and Taiwan regions of China. some of them are of quite high quality with high academic and artistic value. Besides, the statues of southern Buddhism in Southwest China are also unique. These Buddha statues should also be collected, sorted systematically and compiled into books.

More than fifty years ago, Zheng Zhenduo edited the "Catalogue of Great Art Tradition"(1950), including bronze, calligraphy, painting, ceramics and Buddha statues. Some of the Buddha statues included in this book were included by Mr. Zheng. I dare not to say this book continues Mr. Zheng's work. It can only be said that after the scholars of the past have already given us the guidance in conducting research, there are still a large number of scattered Buddha statues to be sorted out and studied.

As Gong Zizhen said, "only to guide but not to teach", in fact, this catalogue is the publication of his own materials, which he wants to share with others. As a study of cultural relics, it is not until having fully grasped a large amount of resources before conducting research can one draw correct conclusions. The "Twenty History Leap Table" compiled by Chen Yuan (1926) was originally intended to be used for his own research but it has been beneficial for people till now since its publication. All in all, as a combination of information and appreciation, this catalogue as a reference book provides readers with clues for collecting Buddha statues in overseas, Hong Kong and Taiwan areas of China, so that scholars can continue to conduct in-depth investigation and research. I'm hoping that readers enjoy it and looking forward to valuable advice.

Shen Jin

June, 2005

Jiezi Zhai, western Beijing

目录

序 / 白化文 ················ 1

前言 / 金申 ················ 1

英文前言 ················ 1

单尊石佛像·造像碑

张永造石佛坐像 ················ 3

定州常山鲍篆造石浮图 ················ 4

宋德兴造佛坐像 ················ 6

禅定佛坐像 ················ 7

冯受受造佛坐像 ················ 8

曹天度造九层千佛石塔 ················ 9

张伯和造佛坐像 ················ 10

交脚弥勒像 ················ 11

黄□相造释迦牟尼佛龛像 ················ 11

交脚菩萨像 ················ 12

交脚菩萨龛像 ················ 12

佛禅定像 ················ 13

定州赵氏一族造定光佛立像 ················ 14

桓氏一族造佛立像 ················ 15

郭元庆造太子思惟像 ················ 16

佛碑像 ················ 16

佛塔残件 ················ 17

尹受国造释迦文石像 ················ 18

比丘僧欣造弥勒立像 ················ 19

佛说法立像 ················ 20

佛说法坐像 ················ 20

佛说法坐像 ················ 20

牛伯阳造石佛坐像 ················ 21

孟□姬造释迦佛坐像 ················ 22

佛立像 ················ 22

尚齐等八十人造佛立像 ················ 23

佛坐像 ················ 24

宋氏家族造佛坐像 ················ 24

佛坐像 ················ 25

道教龛像 ················ 25

道教像 ················ 26

雷花头造交脚菩萨像 ················ 27

道教三尊像 ················ 27

大阳县令焦采造道教二尊并坐像 ················ 28

姚某造佛说法坐像 ················ 29

邑子一百人共造石像一区 ················ 30

定州中山张灵宾兄弟造弥勒石像 ················ 31

佛坐像 ················ 32

交脚菩萨像 ················ 33

菩萨坐像 ················ 34

交脚菩萨像 ················ 35

菩萨立像 ················ 36

合邑一百卅人造佛立像 ················ 37

魏裕造佛碑像 ················ 38

四面佛碑像 ················ 39

建兴郡端氏县吕氏一族造佛碑像 ········ 40

佛碑像 ················ 41

翟蛮造弥勒像碑 ················ 42

比丘法藏、法遵造佛像碑 ················ 43

交脚菩萨造像碑 ················ 43

佛立像 ················ 44

佛说法坐像 ················ 44

佛坐像 …………………… 45

佛坐像 …………………… 46

佛坐像 …………………… 46

造像碑台座 …………………… 47

曹望憘造弥勒下生像 …………………… 48

比丘昙兴造释迦玉像 …………………… 49

佛坐像 …………………… 49

佛说法坐像 …………………… 50

佛立像 …………………… 51

宁远将军高神婆一族造碑像 …………………… 52

四面石幢残段 …………………… 53

佛碑像 …………………… 54

石佛坐像 …………………… 55

佛碑像 …………………… 56

佛造像碑 …………………… 57

四面龛像 …………………… 58

佛碑像 …………………… 59

合邑七十人造佛碑像 …………………… 60

佛碑像 …………………… 61

杨阿真造佛碑像 …………………… 62

解保明造佛坐像碑 …………………… 63

赵氏一族造佛立像 …………………… 64

佛立像 …………………… 65

佛立像 …………………… 65

佛立像 …………………… 66

佛立像 …………………… 67

佛坐像 …………………… 68

佛立像 …………………… 69

佛立像 …………………… 69

佛立像 …………………… 70

佛立像 …………………… 71

佛立像 …………………… 72

佛立像 …………………… 72

佛立像 …………………… 73

高阳郡张白奴等造弥勒佛立像 …………… 74

佛碑像 …………………… 75

邑子百人造释迦佛像 …………………… 76

佛立像 …………………… 77

高平王元宁造释迦佛立像 …………… 78

菩萨坐像 …………………… 79

荥阳太守薛安颠造玉像 …………………… 80

大吴村比丘静颐等造佛立像 …………… 81

佛立像 …………………… 82

杨子受造释迦佛坐像 …………………… 83

佛说法坐像 …………………… 84

李道赞等五百人造佛碑像 …………… 85 / 86

李洪演造释迦佛立像 …………………… 87

佛碑像 …………………… 88

骆子宽等七十人造释迦像 …………………… 89

骆子宽等七十人造释迦像 …………………… 90

骆子宽等七十人造释迦像 …………………… 91

报德寺七佛碑像 …………………… 92

怀州栖贤寺比丘道颖僧束等造释迦佛像 … 93

上党郡龙山寺沙门志朗造释迦佛碑像 …… 94

佛碑像 …………………… 95

佛碑像各面及局部图 …………………… 96

合宗并诸乡秀士等造佛碑像 …………… 97

佛碑像 …………………… 98

艾殷造定光释迦弥勒普贤四躯像 ……… 99

佛龛像 …………………… 100

半跏思惟残像 …………………… 100

佳文贤造道教碑像 …………………… 101

薛氏一族造佛碑像 …………………… 102

比丘法阴等造坐佛碑像 …………………… 103

惠祖等造思惟像台座 …………………… 104

袁景珍敬造弥勒像 …………………… 105

邑义卅人等造佛碑像 …………… 106

陈文生等家族造佛碑像 …………… 107

倚坐菩萨残碑像 …………… 107

王永建造观世音像 …………… 108

合邑二百人等造释迦佛立像 …………… 109

李元海兄弟七人造元始天尊碑像 …… 110

清信女申屠□妃造释迦佛坐像 ……… 111

佛碑像 …………… 112

佛碑像 …………… 113

佛说法坐像 …………… 114

昌乐县开国公郭贤造释迦佛像 ……… 114

佛立像 …………… 115

佛坐像 …………… 115

佛坐像 …………… 116

比丘智□造菩萨立像 …………… 117

魏蛮造石菩萨立像 …………… 118

佛立像 …………… 119

佛立像 …………… 120

宋文和夫妻造观音像 …………… 120

戎爱洛造半跏思惟菩萨像 …………… 121

诸刘村邑人刘氏等敬造白玉像 ……… 122

永□寺尼僧和造石思惟菩萨像 ……… 122

王祖世敬造思惟玉像 …………… 123

黄海伯造弥勒龛像 …………… 124

佛立像 …………… 125 / 126

半跏思惟菩萨像 …………… 127

佛坐像 …………… 128

交脚佛坐像 …………… 129

双观音立像 …………… 129

半跏思惟菩萨像 …………… 130

半跏思惟菩萨像 …………… 130

释迦佛立像 …………… 131

刘王赵安诸姓邑子造阿弥陀佛立像 … 132

倚坐佛像 …………… 132

菩萨立像 …………… 133

法界人中佛像 …………… 134 / 135

菩萨立像 …………… 136

观音菩萨立像 …………… 136

佛立像 …………… 136

佛说法坐像 …………… 137

缘觉菩萨像 …………… 138

菩萨立像 …………… 138

弟子像 …………… 139

弟子像 …………… 139

弟子像 …………… 140

弟子像 …………… 140

佛立像 …………… 141

缘觉菩萨 …………… 141

菩萨立像 …………… 142

佛立像 …………… 142

菩萨立像 …………… 143

菩萨立像 …………… 143

半跏思惟菩萨像 …………… 144

伎乐天人 …………… 145

菩萨立像 …………… 146

佛立像 …………… 147

四面石龛像 …………… 148 / 149

观音菩萨立像 …………… 150

金刚力士 …………… 150

龛门线刻佛说法图 …………… 151

线刻佛像碑座 …………… 151

石棺床 …………… 152

吕景□造观世音像 …………… 153

张明山造佛说法坐像 …………… 154

比丘惠静造释迦佛像 …………… 155

崇光寺邑义八十人等造阿弥陀佛立像 … 156

崇光寺菩萨立像 …………………… 156

车长儒造观音立像 ………………… 157

秦光先造观音立像 ………………… 157

观音菩萨头像 ……………………… 158

观音菩萨立像 ……………………… 158

诸邑人等造释迦、多宝二佛并坐像 …… 159

成国乡邑子卅人等造观音立像 ……… 160

观音菩萨立像 ……………………… 161

观音菩萨立像 ……………………… 161

观音菩萨立像 ……………………… 162

观音菩萨立像 ……………………… 162

姚子发造双观音立像 ……………… 163

观音菩萨立像 ……………………… 163

观音菩萨立像 ……………………… 164

观音菩萨立像 ……………………… 165

佛立像 ……………………………… 166

观音菩萨立像 ……………………… 167

观音菩萨立像 ……………………… 168

观音菩萨立像 ……………………… 169

观音菩萨立像 ……………………… 170

观音菩萨立像 ……………………… 170

观音菩萨坐像 ……………………… 171

迦叶像 ……………………………… 171

阿难像 ……………………………… 171

观音菩萨立像 ……………………… 172

观音立像 …………………………… 173

观音菩萨立像 ……………………… 173

观音菩萨立像 ……………………… 174

观音菩萨立像 ……………………… 175

观音菩萨立像 ……………………… 176

观音菩萨立像 ……………………… 177

佛坐像 ……………………………… 178

观音菩萨立像 ……………………… 179

金刚力士 …………………………… 180

四面造像碑 ………………………… 181

观世音造像碑 ……………………… 182

王士让造佛碑像 …………………… 183

石棺床 ……………………………… 184

梁公造玉佛坐像 …………………… 185

马周造佛坐像 ……………………… 186

四面龛佛像 ………………………… 187

赵峻及妻造阿弥陀佛坐像 ………… 188

袁义余造佛碑像 …………………… 188

阿弥陀三尊佛碑像 ………………… 189

佛碑像 ……………………………… 189

崔善德造佛碑像 …………………… 190

佛说法龛像 ………………………… 191

高□造弥勒佛倚像 ………………… 192

佛倚坐像 …………………………… 193

王法力等造弥陀像 ………………… 193

阿弥陀佛坐像 ……………………… 194

冯□立造佛坐像 …………………… 195

张玄义造弥勒像 …………………… 195

杨□□造佛坐像 …………………… 196

佛坐像 ……………………………… 197

比丘尼贵相造弥勒倚坐像 ………… 197

邑义十六人造阿弥陀佛像 ………… 198

佛说法坐像 ………………………… 199

佛说法坐像 ………………………… 199

佛坐像 ……………………………… 200

佛头部 ……………………………… 201

佛坐像 ……………………………… 201

佛说法坐像 ………………………… 201

佛立像 ……………………………… 202

佛立像 ……………………………… 202

卢公意等造阿弥陀佛碑像 ………… 203

佛碑像 …………………………… 203

李怀秀造佛碑像 ………………… 204

毌丘海造弥勒佛碑像 …………… 205

护众寺比丘僧慈□造弥勒佛像 ………… 206

闫宗造弥勒佛坐像 ……………… 207

杨文愕及妻造阿弥陀佛坐像 ……… 208

佛倚坐像 ………………………… 209

佛倚坐像 ………………………… 209

弥勒佛倚坐像 …………………… 210

倚坐佛像 ………………………… 210

倚坐佛像 ………………………… 211

佛弟子秦氏造阿弥陀佛坐像 ……… 211

佛坐像 …………………………… 212

坐佛龛像 ………………………… 213

坐佛龛像 ………………………… 214

坐佛龛像 ………………………… 214

坐佛龛像 ………………………… 215

坐佛龛像 ………………………… 215

佛说法龛像 ……………………… 216

胡僧礼佛图 ……………………… 217

双菩萨碑像 ……………………… 218

比丘尼释法空等造佛龛像 ………… 219

文殊、普贤龛像一组 ………… 220 / 221

李仁□造阿弥陀佛碑像 …………… 222

佛碑像 …………………………… 223

石造阿弥陀佛坐像 ……………… 224

石龛门 …………………………… 224

方形石塔龛 ……………………… 225

方形石塔佛龛 ………………… 226 / 227

拱形龛楣线刻佛像 ……………… 228

拱形龛门线刻天王 ……………… 229

千佛碑像 ………………………… 229

洒扫僧□等造观音立像 …………… 230

供养菩萨像 ……………………… 231

菩萨立像 ………………………… 232

菩萨残像 ………………………… 232

观音头部 ………………………… 232

四面石幢残段 …………………… 233

十一面观音残像 ………………… 234

观音立像 ………………………… 235

菩萨立像 ………………………… 235

思惟菩萨坐像 …………………… 236

半跏菩萨坐像 …………………… 237

菩萨立像 ………………………… 238

菩萨立像 ………………………… 239

菩萨立像 ………………………… 239

菩萨立像 ………………………… 240

骑狮文殊 ………………………… 241

骑狮文殊菩萨 …………………… 241

菩萨坐像 ………………………… 242

弟子像 …………………………… 243

地藏菩萨像 ……………………… 243

王建造佛立像碑 ………………… 244

不动明王像 ……………………… 245

金刚力士 ………………………… 246

金刚力士 ………………………… 246

四天王像 …………………… 247 / 248

僧伽像 …………………………… 249

侍女像 …………………………… 250

石狮 ……………………………… 250

安阳修定寺砖雕狮子 …………… 251

安阳修定寺砖雕人物 …………… 251

舍利石函 ………………………… 252

石棺 ……………………………… 253

石棺 ……………………………… 253

石棺 ……………………………… 253

阿弥陀佛像 ·················· 254

佛说法坐像 ·················· 255

倚坐佛像 ·················· 256

佛成道像 ·················· 256

佛成道像 ·················· 257

佛成道像 ·················· 257

韦均造阿弥陀佛坐像 ·················· 258

佛成道像 ·················· 258

萧元春造弥勒佛倚坐像 ·················· 259

姚元之造弥勒倚坐像 ·················· 259

高延贵造阿弥陀佛坐像 ·················· 260

李承嗣造阿弥陀佛坐像 ·················· 260

佛倚坐像 ·················· 261

姚元景造弥勒坐像 ·················· 262

杨思勖造阿弥陀佛像 ·················· 263

内侍冯凤翼等造佛坐像 ·················· 263

佛成道像 ·················· 264

杨思勖等造弥勒坐像 ·················· 265

十一面观音立像 ·················· 266

十一面观音立像 ·················· 267

德感造十一面观音立像 ·················· 268

十一面观音立像 ·················· 269

十一面观音立像 ·················· 269

十一面观音立像 ·················· 270

十一面观音立像 ·················· 271

姚妙姿造元始天尊像 ·················· 272

道教像 ·················· 272

道教坐像 ·················· 273

王双姿造老君坐像 ·················· 273

道民苏遵造老君像 ·················· 274

道教石像 ·················· 275

道民李若武造天尊像 ·················· 275

田客奴造道教像 ·················· 276

杜世敬等造道教三尊像 ·················· 277

天尊（或老子）头像 ·················· 278

天尊碑像 ·················· 278

天尊像 ·················· 279

道教像 ·················· 280

道教像 ·················· 281

道教像 ·················· 282

道教像 ·················· 282

赵氏造道教像 ·················· 283

石幢残段 ·················· 284

佛坐像 ·················· 285

倚坐佛像 ·················· 285

佛坐像 ·················· 286

法界人中佛像 ·················· 287

佛立像 ·················· 288

观音菩萨立像 ·················· 288

半跏文殊菩萨像 ·················· 289

观音龛像 ·················· 290

佛坐像龛 ·················· 290

观音菩萨立像 ·················· 291

菩萨残像 ·················· 292

菩萨立像 ·················· 293

菩萨立像 ·················· 294

菩萨立像 ·················· 294

骑狮文殊像 ·················· 295

骑象普贤像 ·················· 295

菩萨坐像 ·················· 296

观音坐像 ·················· 296

李吉造骑象普贤像 ·················· 297

水月观音 ·················· 297

王石氏造罗汉坐像 ·················· 298

山阳村维那刘政等造观音像 ·················· 298

迦叶头像 ·················· 299

伎乐天人 ···················· 299
四方善人造罗汉像 ············ 300
罗汉头像 ···················· 301
罗汉坐像 ···················· 301
文殊骑狮像 ·················· 302

伎乐天人 ···················· 302
浮雕立狮 ···················· 302
浮雕伎乐天人 ················ 302
殷福造佛坐像 ················ 303

石窟佛造像

佛头部 ······················ 306
佛头部 ······················ 307
佛坐像 ······················ 307
佛立像 ······················ 308
佛头 ························· 309
佛禅定坐像 ·················· 310
佛坐像 ······················ 310
交脚菩萨像 ·················· 311
交脚菩萨像 ·················· 311
佛头部 ······················ 312
佛头部 ······················ 312
菩萨头部 ···················· 313
菩萨头部 ···················· 313
交脚菩萨像 ·················· 314
半跏思惟菩萨像 ·············· 314
交脚菩萨像 ·················· 315
比丘法□造交脚弥勒石像 ······ 315
交脚菩萨像 ·················· 315
交脚菩萨像 ·················· 315
交脚思惟菩萨像 ·············· 316
交脚菩萨像 ·················· 316
交脚菩萨像 ·················· 317
供养菩萨像 ·················· 317
菩萨头部 ···················· 318

菩萨残像 ···················· 318
佛禅定像 ···················· 319
佛头部 ······················ 319
帝后礼佛图浮雕 ·············· 320
浮雕供养人像 ················ 321
菩萨立像 ···················· 322
佛、菩萨残首三件 ············ 323
菩萨头部 ···················· 324
菩萨头部 ···················· 324
菩萨立像二件 ················ 325
菩萨立像 ···················· 325
佛坐像 ······················ 326
缘觉菩萨头像 ················ 326
佛说法浮雕 ·················· 327
佛说法浮雕 ·················· 328
菩萨立像 ···················· 329
菩萨立像 ···················· 329
佛头部 ······················ 330
佛头部 ······················ 330
佛头部 ······················ 330
菩萨立像 ···················· 331
菩萨头部 ···················· 332
菩萨头部 ···················· 333
菩萨头部 ···················· 333

佛头部 ················ 334

佛头部 ················ 334

佛头部 ················ 335

佛头部 ················ 335

佛头部 ················ 336

菩萨头部 ················ 336

菩萨头部 ················ 337

菩萨头部 ················ 337

弟子像 ················ 337

菩萨残像 ················ 338

金刚力士 ················ 338

金刚力士 ················ 339

大迦叶头部 ················ 340

金刚力士残像 ················ 340

文殊菩萨像 ················ 341

佛立像 ················ 341

供养人像浮雕 ················ 341

弟子像浮雕 ················ 342

供养人像浮雕 ················ 342

供养人浮雕 ················ 342

弟子像浮雕 ················ 343

浮雕弟子像 ················ 343

金刚力士像一组 ················ 344

飞天 ················ 345

飞天 ················ 345

飞天 ················ 345

飞天浮雕 ················ 345

飞天浮雕 ················ 345

飞天浮雕 ················ 345

蹲狮 ················ 346

侏儒力士 ················ 346

怪兽 ················ 346

怪兽 ················ 347

怪兽 ················ 347

怪兽 ················ 347

石狮 ················ 347

佛头部 ················ 348

佛头部 ················ 348

菩萨头部 ················ 349

佛头部 ················ 350

佛头部 ················ 350

佛头部 ················ 351

菩萨头部 ················ 352

佛坐像 ················ 353

佛头部 ················ 354

菩萨头部 ················ 354

菩萨头部 ················ 354

菩萨半跏坐像 ················ 355

菩萨半跏坐像 ················ 356

菩萨立像 ················ 356

菩萨立像 ················ 357

菩萨半跏坐像 ················ 358

观音残像 ················ 358

半跏菩萨像 ················ 359

菩萨立像 ················ 360

菩萨立像 ················ 360

菩萨立像 ················ 361

佛坐像 ················ 361

文殊骑狮像 ················ 362

菩萨头部 ················ 363

菩萨残像 ················ 364

佛坐像 ················ 364

菩萨立像 ················ 365

菩萨立像 ················ 365

金刚力士头部 ················ 366

金刚力士头部 ················ 366

金刚力士像 ················· 367
迦叶头部 ················· 367
金刚力士一对 ················· 368
金刚力士 ················· 369

狮子 ················· 370
狮子 ················· 370
狮子 ················· 370
狮子 ················· 371

金属佛造像

摇钱树 ················· 374
燃肩佛坐像 ················· 375
菩萨立像 ················· 376
佛立像 ················· 377
比丘竺某造禅定佛坐像 ················· 378 / 379
中书舍人施文造铜佛坐像 ················· 380
禅定佛坐像 ················· 380
禅定佛坐像 ················· 381
禅定佛坐像 ················· 382
禅定佛坐像 ················· 382
佛坐像 ················· 383
禅定佛坐像 ················· 384
禅定佛坐像 ················· 384
禅定佛坐像 ················· 385
禅定佛坐像 ················· 386
禅定佛坐像 ················· 387
禅定佛坐像一铺 ················· 388
诞生佛像 ················· 389
佛立像 ················· 389
菀申造佛立像 ················· 390
王钟夫妻造观世音立像 ················· 391
耿崇造弥勒立像 ················· 391
韩谦造佛坐像 ················· 392
刘国之造弥勒佛坐像 ················· 393
清信女□姜造无量寿佛坐像 ················· 394

仇寄奴造观音立像 ················· 395
仇寄奴造佛立像 ················· 396
释迦、多宝二佛并坐像 ················· 397
比丘某造释迦佛坐像 ················· 398
比丘法亮造弥勒像 ················· 398
版铸佛坐像 ················· 399
追远寺众僧造版铸佛三尊像 ················· 400
徐敬姬造释迦、多宝二佛并坐像 ········ 401
韩令姜造弥勒佛立像 ················· 402
佛立像 ················· 402
弥勒佛立像 ················· 403
佛立像 ················· 404
比丘法恩造释迦文佛坐像 ················· 405
阳氏造释迦文佛坐像 ················· 406
赵□□造观音菩萨立像 ················· 407
释迦佛立像 ················· 408
交脚菩萨像 ················· 408
丁柱造观音立像 ················· 409
李日光造弥勒立像 ················· 409
杨僧昌造佛坐像 ················· 410
张王□为亡父造佛坐像 ················· 411
禅定佛坐像 ················· 412
苏阿□造佛坐像 ················· 413
佛说法坐像 ················· 414
佛说法坐像 ················· 415

佛说法坐像 …… 415
佛说法坐像 …… 416
佛禅定坐像 …… 417
佛禅定坐像 …… 418
佛说法坐像 …… 419
佛坐像 …… 420
佛说法坐像 …… 420
李伯息造无量寿佛立像 …… 421
禅定佛坐像 …… 421
释迦、多宝二佛并坐像 …… 422
贾法生兄弟造释迦、多宝二佛并坐像 … 423
王虎兄弟造弥勒立像 …… 424
曹党生造弥勒像 …… 424
赵僧安兄弟造佛坐像 …… 425
刘偏但造释迦、多宝二佛并坐像 …… 426
释迦文佛坐像 …… 426
比丘僧□□普贵造弥勒佛立像 …… 427
吴道兴造观世音立像 …… 428
妙音寺比丘尼法度造佛像 …… 429
普贵造佛坐像 …… 429
禅定佛坐像 …… 430
杨国造观世音像 …… 430
双佛立像 …… 431
光背线刻观音 …… 431
王清造佛坐像 …… 431
观音立像 …… 431
韩愿造观音像 …… 432
菩萨立像 …… 433
观音立像 …… 434
佛立像 …… 434
观音立像 …… 434
佛立像 …… 435
佛立像 …… 435

荣□明造观世音像 …… 436
习文太造观音立像 …… 436
□妙□夫妻造观音立像 …… 437
阳□原造弥勒立像 …… 438
昙任造观世音立像 …… 438
上曲阳民□夏□造交脚弥勒像 …… 439
比丘昙任造释迦、多宝像 …… 440
释迦、多宝并坐像 …… 441
韩□□造观世音像 …… 442
王富如造观世音立像 …… 443
释迦佛立像 …… 444
李其麟夫妻造观世音菩萨像 …… 444
牛猷造弥勒立像一铺 …… 445
魏□玉造释迦佛像 …… 446
佛立像一铺 …… 446
释迦佛立像 …… 447
释迦佛立像 …… 448
释迦佛立像 …… 448
释迦佛立像 …… 449
佛坐像 …… 450
佛坐像 …… 450
观音菩萨立像 …… 451
神王像 …… 451
观音菩萨立像 …… 452
佛立像 …… 452
佛立像 …… 453
观音菩萨立像 …… 454
观音立像 …… 454
亏文生造观音菩萨立像 …… 455
郑络兴造观音立像 …… 455
乐龙等造弥勒佛立像 …… 456
观音菩萨立像 …… 457
比丘道思造观世音像 …… 457

观音菩萨立像 ……………………… 458

观音菩萨立像 ……………………… 458

佛坐像 …………………………… 459

供养菩萨像 ………………………… 459

张贵庆造二佛并坐像 ……………… 460

双观音立像 ………………………… 460

观音菩萨立像 ……………………… 461

释迦佛坐像 ………………………… 462

释迦佛立像 ………………………… 462

佛立像 …………………………… 462

徐大智造观音立像 ………………… 463

杨氏兄弟造观世音菩萨立像 ……… 463

观音菩萨立像 ……………………… 464

宣景兴造观音像 …………………… 464

野奴造观世音立像 ………………… 465

二佛并坐像 ………………………… 465

弟子像 …………………………… 466

半跏思惟菩萨像 …………………… 466

弟子像 …………………………… 466

鹿头梵志 …………………………… 467

金刚力士像 ………………………… 467

金刚力士像 ………………………… 467

佛说法坐像 ………………………… 468

佛说法坐像 ………………………… 468

佛说法坐像 ………………………… 468

佛说法坐像 ………………………… 468

佛说法坐像 ………………………… 469

佛坐像 …………………………… 469

供养菩萨 …………………………… 469

范氏卅人等造阿弥陀佛像一区 ……… 470

一佛二菩萨像 ……………………… 471

释迦、多宝二佛并坐像 …………… 471

亲信士女张民乐造双多宝并坐像 ……… 471

双菩萨立像 ………………………… 472

双菩萨立像 ………………………… 472

交脚菩萨像 ………………………… 473

王元长造菩萨立像 ………………… 473

观音菩萨立像 ……………………… 474

观音菩萨立像 ……………………… 474

观音菩萨立像 ……………………… 474

观音菩萨立像 ……………………… 475

观音菩萨立像 ……………………… 475

观音菩萨立像 ……………………… 476

观音菩萨立像 ……………………… 476

观音菩萨立像 ……………………… 477

倚坐菩萨像 ………………………… 478

菩萨倚坐像 ………………………… 478

观音菩萨立像 ……………………… 479

观音菩萨立像 ……………………… 479

观音菩萨立像 ……………………… 480

观音菩萨立像 ……………………… 480

观音三尊立像 ……………………… 480

观音菩萨立像 ……………………… 480

观音菩萨立像 ……………………… 481

观音菩萨立像 ……………………… 482

观音菩萨立像 ……………………… 482

观音菩萨立像 ……………………… 482

观音菩萨立像 ……………………… 483

观音菩萨立像 ……………………… 483

观音菩萨立像 ……………………… 484

观音菩萨像一铺 …………………… 484

王贾氏造观世音像 ………………… 485

观音菩萨立像 ……………………… 485

金刚力士像 ………………………… 485

金刚力士像 ………………………… 485

倚坐佛像 …………………………… 486

佛说法坐像 …………………… 486

法界人中佛 …………………… 487

阿弥陀佛坐像 …………………… 488

法界人中佛 …………………… 488

佛说法坐像 …………………… 488

佛说法坐像 …………………… 489

佛说法坐像 …………………… 489

佛说法坐像 …………………… 490

佛说法坐像 …………………… 490

佛说法坐像 …………………… 491

佛说法坐像 …………………… 491

佛说法坐像 …………………… 492

佛倚坐像 …………………… 492

倚坐弥勒佛像 …………………… 493

倚坐佛像 …………………… 494

佛说法坐像 …………………… 495

佛坐像 …………………… 495

佛说法坐像 …………………… 496

佛说法坐像 …………………… 496

杨憕造佛说法坐像 …………………… 496

金铜佛坐像 …………………… 497

保寿寺比丘造佛立像 …………………… 497

扦钵药师佛像 …………………… 498

佛说法坐像 …………………… 498

佛说法坐像 …………………… 498

七连佛像 …………………… 499

七连佛像 …………………… 499

七连佛像 …………………… 499

锤揲佛说法像 …………………… 500

锤揲佛说法像 …………………… 500

锤揲佛说法像 …………………… 500

观音坐像 …………………… 501

倚坐菩萨像 …………………… 501

观音立像 …………………… 501

观音立像 …………………… 502

观音菩萨立像 …………………… 502

观音菩萨立像 …………………… 503

观音菩萨立像 …………………… 503

观音菩萨立像 …………………… 503

半跏观音菩萨像 …………………… 503

观音菩萨立像 …………………… 504

观音立像 …………………… 504

观音菩萨立像 …………………… 505

十一面观音立像 …………………… 505

六臂观音立像 …………………… 506

十一面观音立像 …………………… 506

半跏观音菩萨像 …………………… 506

十一面观音立像 …………………… 507

十一面观音立像 …………………… 507

观音菩萨立像 …………………… 508

观音菩萨立像 …………………… 508

观音菩萨立像 …………………… 509

观音半跏坐像 …………………… 509

观音菩萨立像 …………………… 510

观音菩萨立像 …………………… 510

观音半跏坐像 …………………… 510

观音半跏坐像 …………………… 511

观音半跏坐像 …………………… 511

观音半跏坐像 …………………… 512

观音半跏坐像 …………………… 512

观音立像 …………………… 513

观音菩萨坐像 …………………… 513

地藏菩萨像 …………………… 514

弟子像 …………………… 514

弟子像 …………………… 514

弟子像 …………………… 514

金刚力士 …………………… 515

金刚力士 …………………… 515

金刚力士 …………………… 515

邪鬼 ………………………… 515

金刚力士 …………………… 516

天王像 ……………………… 516

狮子 ………………………… 516

狮子 ………………………… 516

老君立像 …………………… 517

骑狮文殊菩萨像 …………… 517

佛龛像 ……………………… 518

舍利棺 ……………………… 519

舍利棺 ……………………… 519

金刚铃 ……………………… 520

金刚铃一组 ………………… 521

阿弥陀佛坐像 ……………… 522

倚坐佛像 …………………… 522

观音菩萨坐像 ……………… 523

观音菩萨坐像 ……………… 523

观音菩萨立像 ……………… 524

观音菩萨立像 ……………… 524

观音菩萨坐像 ……………… 525

佛说法坐像 ………………… 525

佛坐像 ……………………… 525

佛坐像 ……………………… 525

佛说法坐像 ………………… 526

观音菩萨立像 ……………… 526

观音菩萨半跏坐像 ………… 527

观音菩萨半跏坐像 ………… 527

观音菩萨坐像 ……………… 528

佛说法坐像 ………………… 529

准提观音坐像 ……………… 529

准提观音坐像 ……………… 529

观音菩萨立像 ……………… 530

观音菩萨立像 ……………… 530

观音菩萨立像 ……………… 531

观音菩萨立像 ……………… 531

观音菩萨立像 ……………… 532

观音菩萨立像 ……………… 532

大黑天像 …………………… 533

大黑天像 …………………… 534

大黑天像 …………………… 534

天王像 ……………………… 535

金刚力士 …………………… 535

佛坐像 ……………………… 536

佛立像 ……………………… 536

阿弥陀佛坐像 ……………… 536

观音菩萨立像 ……………… 537

观音菩萨立像 ……………… 538

观音菩萨立像 ……………… 538

观音菩萨坐像 ……………… 539

观音菩萨坐像 ……………… 539

观音菩萨坐像 ……………… 540

弥勒菩萨坐像 ……………… 540

观音菩萨坐像 ……………… 541

观音菩萨半跏坐像 ………… 541

观音菩萨立像 ……………… 542

观音菩萨坐像 ……………… 542

骑象普贤菩萨像 …………… 543

骑狮文殊菩萨像 …………… 544

骑狮文殊菩萨像 …………… 545

骑象普贤菩萨像 …………… 545

观音菩萨坐像 ……………… 545

观音菩萨坐像 ……………… 546

观音菩萨坐像 ……………… 546

毗卢遮那佛（大日如来）像 …………… 547
阿弥陀佛像 ………………………… 547
佛头部 ……………………………… 547
四方佛像 …………………………… 548
佛禅定坐像 ………………………… 549
一佛二菩萨像 ……………………… 549
接引佛像 …………………………… 550
旃檀佛像 …………………………… 550
接引佛像 …………………………… 551
阿弥陀佛（接引佛）立像 ………… 551
观音坐像 …………………………… 552
释迦诞生像 ………………………… 552
释迦诞生像 ………………………… 552
胁侍菩萨立像 ……………………… 553
白衣观音像 ………………………… 553
王雷等造佛说法坐像 ……………… 554
佛半身残像 ………………………… 555
观音菩萨坐像 ……………………… 556
千手千眼观音 ……………………… 556
水月观音 …………………………… 557
观音菩萨坐像 ……………………… 557

自在观音 …………………………… 557
男相观音像 ………………………… 557
雪山大士 …………………………… 558
雪山大士 …………………………… 558
男相观音像 ………………………… 558
罗汉头部 …………………………… 559
雪山大士 …………………………… 559
罗汉坐像 …………………………… 559
罗汉坐像 …………………………… 560
罗汉坐像 …………………………… 560
道教人物 …………………………… 561
道教人物 …………………………… 561
玄武大帝 …………………………… 562
道教尊像 …………………………… 562
金刚力士 …………………………… 563
方保造关公坐像 …………………… 563
千佛龛像 …………………………… 564
宝箧印陀罗尼塔 …………………… 564
宝箧印陀罗尼塔 …………………… 564
邪鬼 ………………………………… 564

敦煌·西域佛像

佛头部 ……………………………… 566
佛头部 ……………………………… 566
索阿后造石塔 ……………………… 567
宋庆及妻张氏造佛塔 ……………… 568
佛坐像 ……………………………… 569
胡跪菩萨像 ………………………… 570
菩萨立像 …………………………… 571

十一面观音立像 …………………… 571
佛坐像 ……………………………… 572
菩萨立像 …………………………… 573
菩萨立像 …………………………… 573
菩萨立像 …………………………… 573
菩萨头像 …………………………… 574
婆罗门僧像 ………………………… 574

婆罗门僧像 …………………………… 574
菩萨头部 ……………………………… 575
菩萨残像 ……………………………… 576
佛立像 ………………………………… 576
供养人像 ……………………………… 577
供养人头像 …………………………… 577
佛坐像 ………………………………… 578
菩萨残像 ……………………………… 578
佛头部 ………………………………… 578
菩萨头部 ……………………………… 578
菩萨头部 ……………………………… 579
菩萨头部 ……………………………… 579
菩萨立像 ……………………………… 579
佛像饰件 ……………………………… 580
佛像饰件 ……………………………… 580

双头佛像 ……………………………… 581
僧人像 ………………………………… 582
禅定僧像 ……………………………… 582
僧人像 ………………………………… 582
禅定僧像 ……………………………… 582
佛坐像龛 ……………………………… 583
佛龛像 ………………………………… 583
佛龛像 ………………………………… 584
佛龛像 ………………………………… 585
佛龛像 ………………………………… 585
地藏菩萨龛像 ………………………… 586
佛立像龛 ……………………………… 586
共命鸟 ………………………………… 587
舍利盒 ………………………………… 588

砖·漆·木·瓷佛像

礼佛图 ………………………………… 590
佛龛像 ………………………………… 590
千佛龛像 ……………………………… 590
模制佛塔 ……………………………… 591
佛说法像 ……………………………… 591
倚坐佛像 ……………………………… 591
倚坐佛像 ……………………………… 591
佛龛像 ………………………………… 592
佛龛像 ………………………………… 593
佛龛像 ………………………………… 593
佛龛像 ………………………………… 594
佛龛像 ………………………………… 594
佛龛像 ………………………………… 595
佛龛像 ………………………………… 595

佛龛像 ………………………………… 595
佛坐像 ………………………………… 596
佛坐像 ………………………………… 596
佛坐像 ………………………………… 596
旃檀佛像 ……………………………… 597
涅槃佛像 ……………………………… 598
雪山大士像 …………………………… 598
观音菩萨半跏坐像 …………………… 599
佛立像 ………………………………… 599
佛坐像 ………………………………… 600
如意轮观音 …………………………… 600
菩萨坐像 ……………………………… 600
观音坐像 ……………………………… 600
水月观音像 …………………………… 601

十一面观音立像 …………………… 601

水月观音 …………………………… 602

水月观音像 ………………………… 602

观音立像 …………………………… 603

观音立像 …………………………… 603

菩萨坐像 …………………………… 604

水月观音像 ………………………… 604

观音立像 …………………………… 604

观音残像 …………………………… 605

观音立像 …………………………… 605

观音立像 …………………………… 605

菩萨立像 …………………………… 606

菩萨立像 …………………………… 606

观音残像 …………………………… 606

观音坐像 …………………………… 607

自在观音 …………………………… 607

观音立像 …………………………… 607

菩萨立像 …………………………… 607

菩萨立像 …………………………… 608

观音坐像 …………………………… 608

观音立像 …………………………… 609

观音立像 …………………………… 609

观音立像 …………………………… 610

观音坐像 …………………………… 610

罗汉头部 …………………………… 611

罗汉头部 …………………………… 611

禅定僧像 …………………………… 611

善财童子 …………………………… 611

罗汉坐像 …………………………… 612

罗汉坐像 …………………………… 613

罗汉坐像 …………………………… 613

罗汉坐像 …………………………… 613

罗汉坐像 …………………………… 614

罗汉坐像 …………………………… 614

罗汉坐像 …………………………… 614

罗汉坐像 …………………………… 614

佛坐像 ……………………………… 615

天尊像 ……………………………… 615

阿弥陀三尊像 ……………………… 616

关公像 ……………………………… 616

国外博物馆中西文对照 ………… 617

再版后记 …………………………… 619

単尊石佛像・造像碑

侧面

背面

张永造石佛坐像

北魏太安元年（455）砂岩加彩 高 35.5 厘米
日本京都藤井有邻馆藏

发愿文：太安元年乙酉二月佛弟子张永、弟子张秉、
弟子张保、弟子张兴、弟子张酋、弟子张旻、弟子
张昌敬造。

定州常山鲍纂造石浮图（台座）

北魏太平真君三年（442）砂岩 长 23.3 厘米 高 10 厘米
日本书道博物馆藏

发愿文：大魏太平真君三年岁次壬午正月戊寅朔十有八日乙未，永昌王常侍、定州常
山鲍纂，单宦在台减割身口之储，为父前邢邢令、亡母王造兹石浮图、《大涅槃经》
一部。愿皇帝陛下享祚无穷，父身延年益寿，父母将来生弥勒佛前，合门眷属普蒙
十一余福，子子孙孙咸受福庆。

按：此石座清末出土于山东，为诸城王绪祖所得，后归端方。

背面

宋德兴造佛坐像（发型疑后改动）

北魏太安三年（457）砂岩 高 41.5 厘米
日本私人收藏

发愿文：太安三年九月廿三日岁在丁酉，清信士宋德兴伪命过
亡女综香、一切众生，生生蒙其福，所往生口值遇诸佛，永离
苦因，必获此愿，早成菩提大道

背面

禅定佛坐像

北魏 砂岩 高 79 厘米

中国台湾礼瀛艺术品公司收藏

此像原为日本京都藤井有邻馆收藏。曾著录于水野清一
《中国的佛教美术》、松原三郎《增订中国佛教雕刻史
研究》。属北魏平城造像风格，疑光背周边残缺。

冯受受造佛坐像

北魏天安元年（466）砂岩 高 28.7 厘米

日本大阪市立美术馆藏

发愿文：天安元年四月八日，冯受受敬造供养时。

背面

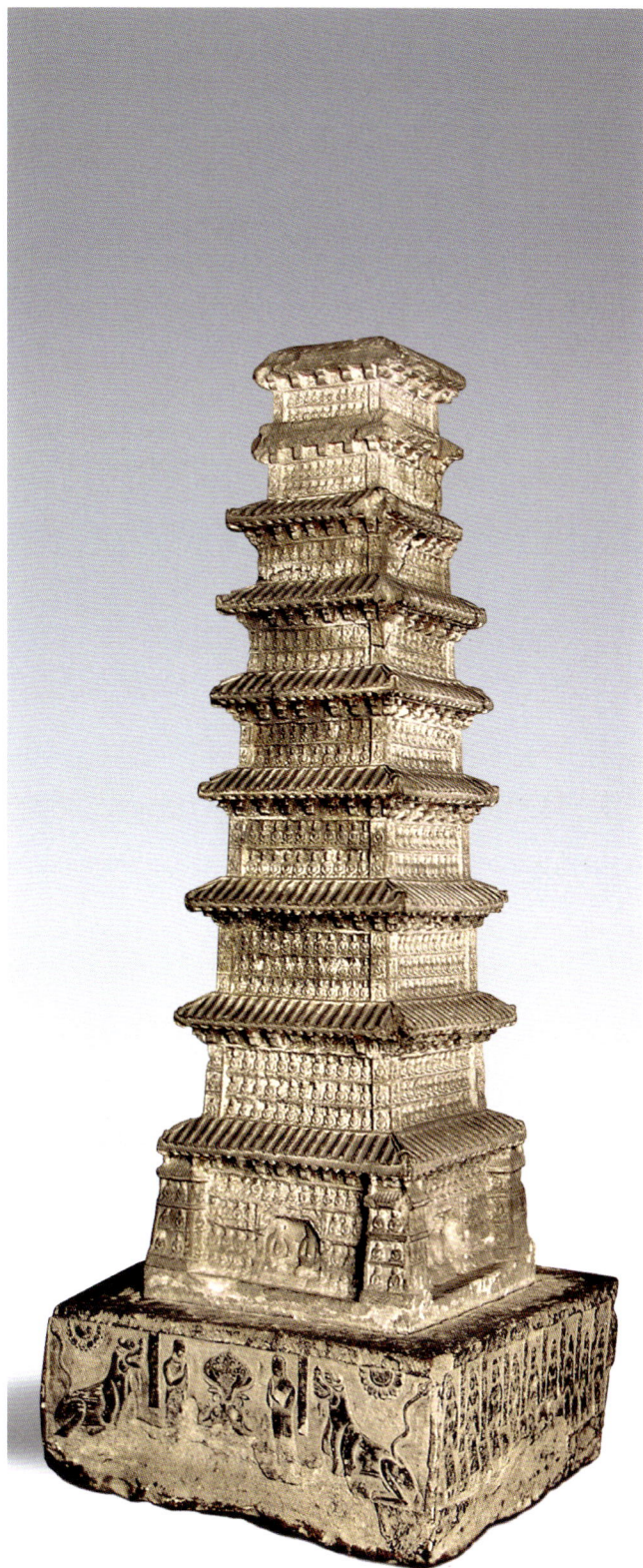

曹天度造九层千佛石塔

北魏天安元年（466）砂岩 高153.1厘米
原存山西朔州崇福寺，现身首异处。中国台湾"故宫博物院"
藏塔身，塔刹现存山西省博物馆。

发愿文：夫至宗凝寂弘之由人，圣不自运畅由来感，是以仰慕者愿莫
不如，功务者因莫不果，乃感竭家珍，造兹石塔，饰仪丽晖，以释永惑。
愿圣主契其乾坤，德隆运表，皇后、皇太子延祚无穷，群辽百辟、存
亡宗亲，延沈楚炭有形，未亥菩提足获。天安元年岁次鹑火，侣登粲宾、
五日辛卯，内小曹天度为亡父颖宁亡息玄明于兹平城造。

按：释文见史树青《北魏曹天度造千佛石塔》，《文物》1980年第1期。

背面

侧面

张伯和造佛坐像

北魏延兴二年（472）砂岩 高 33.5 厘米

日本大和文华馆藏

发愿文：延兴二年八月十日，清信弟子张伯和为父母造像一

区□父存亡□值遇……

交脚弥勒像

北魏延兴二年（472）砂岩 高 41.5 厘米
美国陈哲敬收藏

黄□相造释迦牟尼佛龛像

北魏延兴二年（472）砂岩 高 39.5 厘米
日本书道博物馆藏

发愿文：大代延兴二季岁在壬子四月癸未朔六戊子记，书学生
东郡黄□相为亡父故使持节侍中、安南将军、南部尚书、定州
刺史、东郡简公黄庐路头造释迦牟尼百七十佛像，愿亡父楷是
诚□，永离苦难，便遇诸佛，深解实相，普及众生，即悟道果。

交脚菩萨像

北魏 砂岩加彩 高 48 厘米 日本私人收藏

按：原出不详，从雕刻风格来看应是陕西西北部至甘肃东部所造。

交脚菩萨龛像

北魏 砂岩加彩 高 31.5 厘米
日本大阪市立美术馆藏

背面

侧面

局部

佛禅定像

北魏承明元年（476） 砂岩 高 72 厘米

美国波士顿美术馆藏

发愿文：自真□冲……干□道化替……难□是以……信道□……
万□□□……代承明元……□拾□……等造无……躯□……识
值□……化生自□宿命□□□功德普及十方六道众生等供养佛
□□□之□造

定州赵氏一族造定光佛立像

北魏太和十三年（489）或太和十九年（495）砂岩 高约 334 厘米
美国大都会美术馆藏

发愿文：太和十九年岁……定州唐郡唐县固……皇帝陛下七妙之零……造定光像一
区赵寄赵□赵雅赵买赵双……（以上光背背面）太和十三年造像……（以上光背侧面）

背面

局部

桓氏一族造佛立像

北魏 5 世纪后半 砂岩 高 310 厘米
日本大仓集古馆藏

按：此像原藏河北省涿县永乐村东禅寺内，发愿人均为桓姓，是知
为乌桓族附魏后所改姓，当作于 494 年魏迁都洛阳前后。

发愿文："德僧□""清信士桓俭之侍佛时""□□□父母侍佛"……

郭元庆造太子思惟像

北魏太和十六年（492） 砂岩 高33厘米

日本大阪市立美术馆藏

发愿文：唯大代太和十六年岁次壬申正月戊午朔四
日辛酉，阴密具□信弟子郭元庆、彭□□发愿……
比丘僧□太子思维像（以上龛正面）弟子郭□□、
郭元康（以上龛侧面）

佛碑像

北魏5世纪后半 砂岩 高34.3厘米

日本私人收藏

按：碑正面下方为释迦、多宝二佛并坐，上方为交
脚菩萨，两侧为二思维菩萨。碑背后为九龙浴太子。
整体雕饰丰富，造型有力，属北魏平城造像系统。

佛塔残件

北魏 石灰岩 高 23 厘米　法国吉美博物馆藏

背面

尹受国造释迦文石像

北魏太和十八年（494）砂岩 高 54 厘米
美国纳尔逊美术馆藏

发愿文：夫至道虚寂，理不自兴。然众像不建，则真容无以明；群言不寂，则宗极无以朗。由是释迦能人，见生王宫，应权方便，广设津渡，清信士尹受国，为亡考造释迦文石像一区，作功以就，谨发微愿。上愿七世父母，未来见世，常与三宝共会。又愿亡考，生生之处，遇佛闻法。自识宿命，永不退转。次愿一切运途有生之类，离诸有结，地狱众苦，咸皆休息。缘少微福，普同斯愿。维大代太和十八年岁次甲戌四月乙巳朔八日壬子敬造讫。

背面

比丘僧欣造弥勒立像

北魏太和廿三年（499）砂岩 高 94.6 厘米
美国克里夫兰美术馆藏

发愿文：大代太和廿三年岁次已卯十二月壬申朔九日庚辰，比丘
僧欣，为生缘父母并养属师僧造弥勒石像一区。愿生西方无量寿
佛国、龙华树下、三会说法，下生人间猴王子孙，与大菩萨同生
意处，愿一切众生普同斯福，所愿如是。

按：据传此像出土于河北房山。

背面

佛说法立像

北魏景明三年（502）石灰岩 高 129.5 厘米 现存待查

按：此像衣饰怪异，真伪待考。

佛说法坐像

北魏 石灰岩 高 25.2 厘米
日本私人收藏

佛说法坐像

北魏景明元年（500）石灰岩 高 122.4 厘米
现存待查

牛伯阳造石佛坐像

北魏景明元年（500）石灰岩 高 164.8 厘米

日本大阪市立美术馆藏

发愿文：景明元年四月庚午朔一日庚午□□，牛伯阳共诸邑等为皇帝造石像一区。

背面

孟□姬造释迦佛坐像

北魏正始元年（504） 砂岩 高109
厘米 日本大阪市立美术馆藏

发愿文：正始元年二月八日，佛弟子孟
□姬造释迦坐像一区，为一切边地众生、
为亡父母、父宁孟阿刑母高典姜，愿使
亡父母生上天上□□诸佛先方□□国土
所生下□□开□□长□□与佛会。

背面

佛立像（存疑）

北魏6世纪前半 石灰岩 高190厘米
美国大都会美术馆藏

按：此像据雕刻风格，当为河南北部所造。

尚齐等八十人 造佛立像

北魏正始二年（505） 石灰岩 高188厘米
美国圣路易斯美术馆藏

发愿文：大魏正始二年十一月戊辰朔十一日戊寅，
司州汲郡汲县崇礼乡白善□东大尚村合邑仪维那尚
齐八十人等造就昔唯如来玄神流泊宿津于□莽□驰
九浪志超十二之重开陵二五而高□玄身潜影芳音
高响□灵重晕朗妙曜境慈懋化于聋□衷从难之酸
□大慈奄而□曜真容而更复新□灵神于□□□三
法于六朝药萌□于未觉开信向于真愚显光□于黑
劫迷六明之烛就不善之趣是以诸邑仪尚齐善殖灵
根弥隆信心渊□齐等以去太和十三年发愿□五家
之珍造砖浮屠一区五级玉像一区一丈二尺今得成就
使秽漏开昏于愚□洪波扫除百惠之焚绝世□之惠
趣五德药于三宝开天人之径路托龙华之化生栖志
于妙门瑝三光以荣晕向菩提而□□是以齐等上□
魏因花隆后□齐等净土生天。
铭文前为："维那尚齐维那尚法胜。"
铭文后为："维那尚仲起开佛光明为□郡之维那尚
夫夫 石□□子□专。"
铭文下方供养人像各有榜题"佛弟子尚伯□"等，
共七十四人，大部分为尚姓。
光背左侧下方为："佛弟子尚□□佛弟子尚定□。"
背右侧下方为："佛弟子尚迥树。"
按：此像为河南汲郡汲县（今河南汲县）崇礼乡的
尚姓一族发愿所造佛像。

佛坐像

北魏正始五年（508）砂岩 高 55 厘米

日本书道博物馆藏

发愿文：正始五年□月廿一日，上为皇帝、七世父母、所生父母、家族大小造石像一区。佛弟子□□□侍佛时。

宋氏家族造佛坐像

北魏正始三年（506）砂岩 高 35 厘米

日本私人收藏

发愿文：正始三年七月十三日造石像一区，愿七世父母、所生父母、现在眷属，常与善俱，龙华三会，愿在初首，所愿如是。（以上碑阴）

清信士宋春生（以上台座左侧）……宋□□宋龙□宋荣□宋□□宋时□宋□□（以上台座前面）

佛坐像

北魏 砂岩 高 50 厘米　日本私人收藏

道教龛像

北魏（6 世纪前半）砂岩 高 35.1 厘米
美国波士顿美术馆藏

道教像

北魏永平二年（509）砂岩 高 51.5 厘米

日本永青文库藏

按：铭文仅见"永平□年"、"道民"，可知为道教像，从衣纹
密集的形式分析应属松原三郎先生所谓的陕西郿县造像系统。

雷花头造交脚菩萨像

北魏永平三年（510）砂岩 高 40.5 厘米
日本私人收藏

发愿文：永平三年七月十五日□弟子雷花头造石像一区供养佛时（以
上台座右侧）清信妻姜□□息雷兴息欢□□（以上台座左侧）

道教三尊像

北魏延昌四年（515）砂岩 高 44 厘米
日本大阪市立美术馆藏

发愿文：延昌四年四月五日。

大阳县令焦采造道教二尊并坐像

北魏延昌四年（515）砂岩 高 28.3 厘米
美国波士顿美术馆藏

发愿文：延昌四年岁次乙未四月□□大阳县令焦采敬造像一铺，上愿皇帝万寿、臣宰□福、
下愿家给□□、岁执年丰，一切众生□受福。

按：大阳县在今山西平陆县一带，黄河北岸。

背面

姚某造佛说法坐像

北魏永平四年（511） 石灰岩 高 30.2 厘米
美国弗利尔美术馆藏

发愿文：永平四年三月八日造讫。姚点□造像愿
禅定像主姚□奴寺主比丘法聪

邑子一百人共造石像一区

北魏延昌二年（513）石灰岩 高 152 厘米
日本香雪美术馆藏

发愿文：延昌二年岁次癸巳十一月辛亥朔廿八日戊寅，邑子一百人共造浮图一区、石像一区讫。

定州中山张灵宾兄弟造弥勒石像

北魏熙平元年（516）　石灰岩加彩　高 274 厘米

美国宾夕法尼亚大学博物馆藏

发愿文：惟大代熙平元年太岁在丙申七月丙寅朔十五日刊记之……敬造弥
勒石像一区通光连夫一丈六尺……（以上碑阴）

按：铭文中有"定州中山逴郡山阳村"，台座正面铭刻"像主张灵宾张显
宾兄弟为□父亡亲侍佛"等语。

佛坐像（赝品）
北魏熙平元年（516）砂岩 高约 120 厘米
美国波士顿美术馆藏

局部

背面

交脚菩萨像

北魏神龟二年（519）

黄花石 高 25.8 厘米

美国菲尔德自然历史博物馆藏

发愿文：大代神龟二年太岁己亥四月
庚戌朔八日……敬……（以上台座右
侧）敬礼造……此公德愿生……生净
土诸受法言悟无生忍后愿己身及其出
家眷属居法净□业□除万□庆集四太
平和众患（以上台座背面）远身戒行
清修道心日进十二部经文义俱辨菩及
三有六道含生同登法泽果成佛道（以
上台座左侧）

菩萨坐像（赝品）

北朝样式之赝品 石灰岩

美国哈佛大学美术馆藏

按：此像是近百年所作的北朝样式赝品，为使学人注意亦收入。

局部

交脚菩萨像（赝品）

北朝样式　石灰岩加彩　高 64.5 厘米
美国哈佛大学美术馆藏

按：此像是近百年所作的北朝样式赝品，为使学人注意亦收入。

背面

菩萨立像

北魏 砂岩 高71厘米
美国费城市立美术馆藏

按：发愿造像者多姓赵，应是赵氏一族所集资雕刻。

合邑一百卅人造佛立像

北魏正光元年（520） 石灰岩 高 205 厘米
瑞士瑞特保格博物馆藏

发愿文：大魏正光元年岁次庚子十月辛丑朔廿五□乙丑，合邑□
一百卅人等□藏信心□发……为……侍直……圣……□营之……
试……有生之修……

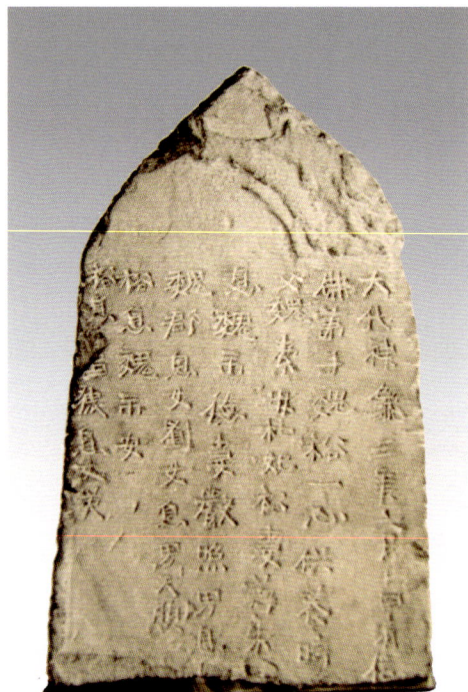

魏裕造佛碑像

北魏神龟三年（520）砂岩 高 42 厘米
日本大原美术馆藏

发愿文：大代神龟三年六月十日，清信□佛
弟子魏裕一心供养时父魏母杜妃裕妻□朱息
魏市德妻严照男……

四面佛碑像（存疑）

北魏 石灰岩 高 88.9 厘米 宽 46.4 厘米

日本根津美术馆藏

侧面

背面

局部

建兴郡端氏县吕氏一族造佛碑像

北魏神龟三年（520）砂岩　高125厘米

瑞士瑞特保格博物馆藏

发愿文：（碑侧）大魏神龟三年太岁在庚子四月甲辰朔廿日水亥日，建
兴郡端氏县水碓泉合村邑子共造石像一区，上为皇帝陛下、为七世父母
乃至所生父母以□□……

按：碑正面有邑子贾氏、邑子吕氏多人姓名。建兴郡为魏置，当在河南
南阳一带。

局部

佛碑像

北魏 砂岩 高约 100 厘米
美国弗利尔美术馆藏

背面

翟蛮造弥勒像碑

北魏神龟三年（520）砂岩 高 124.8 厘米

河南出土（曾归端方）日本京都国立博物馆藏

发愿文：（正面碑额）佛弟子翟蛮为亡父母洛难敬造弥勒像一区，愿使亡者上生天上，托生西方侍佛左右供养三宝时

正面龛左力士榜题：金刚力士

正面龛右力士榜题：护塔善神

正面下方：……子……孙□□□ 息□蛮 息毛蛮 息□□□ 父翟□□ 万寿寺碑记，神龟三年四月十三日，大兴造福慕者悉知天堂之快乐及知地狱之酸，□即自为居家眷属，于发洪愿，竭其家珍，□割妻子，以造弥勒像一区。悉皆成就，愿佛弟子、居家众，恶灵消□、善庆集悉，洛□□□彭祖使学问者聪明精爽 士□属□□为□三司□世不□伏□□□□有□□□咸□斯愿

比丘法藏、法遵造佛像碑

北魏正光二年（521） 砂岩 70×34.3 厘米
美国弗利尔美术馆藏

发愿文：大代正光二年岁在辛丑四月戊朔八日乙巳，为比丘法
藏弟子，比丘法遵，二僧为弟造一区五十三佛。复为七世父母
□□□□一切众生所愿如善弟子……造。

交脚菩萨造像碑

北魏 砂岩 高 143 厘米
澳大利亚新南威尔士艺术馆藏

佛立像

北魏正光三年（522）石灰岩 高 92.5 厘米
现存待查

佛说法坐像

北魏正光二年 (522) 石灰岩 高 226 厘米
美国辛辛那提美术馆藏

佛坐像（赝品）

北朝样式的赝品 石灰岩加彩 高 80 厘米

美国洛杉矶美术馆藏

按：此像是近百年所作的赝品，为使学人注意亦收入。

佛坐像

北魏 砂岩　瑞典斯德哥尔摩远东博物馆藏

佛坐像

北魏 砂岩　高 8.5 厘米　日本根津美术馆藏

局部

造像碑台座

北魏 石灰岩 长约60厘米 美国宾夕法尼亚大学博物馆藏

按：此台座各面浮雕狮子、金刚力士和佛经故事婆罗门施舍等，内容丰富，雕刻细腻。

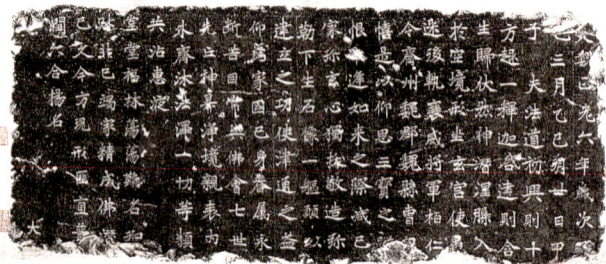

曹望憘造弥勒下生像（台座）

北魏正光六年（525）石灰岩 高50.8厘米
美国宾夕法尼亚大学博物馆藏

发愿文：大魏正光六年岁次乙巳三月乙巳朔廿日甲子，夫法道
初兴，则十方趣一，释迦创建，则含生归伏。然神潜涅槃，入
于空境，形坐玄宫，使迷后轨。襄威将军柏仁令齐州魏郡魏县
曹望憘，是以仰思三宝之踪，恨未逢如来之际，减巳家珍，玄
心独拔，敬造弥勒下生石像一躯。愿以建立之功，使津通之益，
仰为家国、已身、眷属，永断苦因，常与佛会。七世先亡，神
升净境。亲表内外，齐沐法泽。一切等类，共沾惠液。堂堂福林，
荡荡难名。知财非已，竭家精成。佛潜已久，今方现形。匪宜普润，
六合扬名。

按：此为金石学名品，全称《襄威将军柏仁令齐州魏郡魏县曹
望憘造像》，佛像已失，仅存台座。原出山东临淄县西桐村民
宅墙间。曾归山东潍坊陈介祺，1921年流入法国，现藏美国宾
西法尼亚大学博物馆。

比丘昙兴造释迦玉像

北魏孝昌二年（526）黄花石 高 59.4 厘米
日本藤田美术馆藏

发愿文：大魏孝昌二年岁次乙巳（按：干支有误，应为丙午）九
月癸巳廿三日乙丑，比丘昙兴敬造释迦玉像二区……一切众生……
功德等成正觉，所愿如是。

佛坐像

北魏孝昌二年（526）砂岩 高 38.1 厘米
现存待查

佛说法坐像（存疑）

北魏（6世纪初）砂岩 高 54.5 厘米

日本私人收藏

按：据说原出西安，正面为佛说法像，背后为释迦、多宝二佛并坐。

背面

佛立像

北魏孝昌三年（527）石灰岩 高 182.9 厘米
早年流出海外，收藏单位待查

宁远将军高神婆一族造碑像

北魏永安元年（528） 石灰岩 58×41×22 厘米

现流入国外

发愿文：……佛弟子高法隆、高世珍、高世宝、高保胜等兄弟四人，识趣沖津，树因冥□□造石□一区。上为后帝陛下，下及七世父母、所生父母、因缘眷属、一切众生，普蒙福资，俱获极乐。弥勒下生，愿在初唱。大魏永安元年岁次戊申十一月十五日造讫。佛弟子宁远将军前好时令高神婆。

按：此碑全称《宁远将军前好时令高神婆等造像》，《海外贞珉录》云不知在何国。纽约苏富比有限公司 2015 年 3 日上拍未成交。

四面石幢残段

北魏（6世纪初）砂岩 高50.8厘米

日本大阪市立美术馆藏

按：四面内容从左至右，由上至下依次为释迦佛、倚坐弥勒、阿
育王施土缘、佛涅槃。

佛碑像

北魏（6 世纪前半） 砂岩 高 70 厘米

美国纳尔逊美术馆藏

石佛坐像（存疑）

北魏 砂岩 高 40.6 厘米

美国西雅图艺术馆藏

按：构图类似石窟造像的残迹，造型僵硬呆板。

佛碑像（存疑）

北魏武泰元年（528）大理石　高 84 厘米
日本私人收藏

佛造像碑

北魏 砂岩 高 224.8 厘米

加拿大安大略博物馆藏

四面龛像

北魏（6世纪前半） 砂岩 高 40 厘米
美国旧金山亚洲艺术馆藏

佛碑像

北魏正光元年（520） 石灰岩 高 173.4 厘米

英国维多利亚·阿尔伯特博物馆藏

侧面及局部

合邑七十人造佛碑像

北魏建义元年（528）石灰岩 高约190厘米
美国大都会博物馆藏

发愿文：……上为皇帝陛下国□祚康祚几□武合右□坞村返
愿合邑七十人等敬造□□石像一区□□萨提愿合邑仰像七世
乃至能生□□眷属…普洽私愿一时成佛

建义元年岁在戊申六月丁亥朔廿八日甲寅日

另有：天宝二年保庄严功德 飞骑尉杜思福邑子等愿成主
□□□

按：此天宝二年应系北齐天保二年（551），即碑像雕成二十
余年后，北齐时仍有信士陆续加刻完成。

佛碑像

北魏永安二年（529） 石灰岩 高 182.9 厘米

美国波士顿美术馆藏

发愿文：……合邑五十人等信心超侯……上为皇帝陛下、为合邑诸人……

一时成佛

永安二年岁己酉二月……

按：此碑像与与前 "合邑七十人造佛像碑" 的形式及细部手法极为相近，

似为同一刻工所为。

杨阿真造佛碑像

北魏普泰二年（532）石灰岩 高 77 厘米
美国旧金山亚洲艺术馆藏

发愿文：普泰二年三月十五日，清信杨阿真，
仰为七世父母、一切众生造石像一区。佛弟
子王天进供养，佛弟子王阿绪供养，佛弟子王
道晖供养。
姪双席、姪白女、姪黑囗、姪白囗、姪贵季、
清信赵保姬、清信郭石姬、清信赵阿妃

解保明造佛坐像碑

北魏永熙二年（533）砂岩 高 104.5 厘米
美国大都会美术馆藏

发愿文：夫大魏永熙二年太岁在癸丑二月乙未
朔十五日癸酉日，佛弟子解保明，劝化上下邑
子五十人等，敬造石像一区□四尺，上为皇帝
陛下，□为七世父母、所生父母、因缘眷属，
后为忘者，离苦西方，上生□□会遇弥勒，下
生人中公王长者，衣食自然得如是。

赵氏一族造佛立像

北魏癸丑铭（永熙二年，533）石灰岩 高170厘米
美国旧金山亚洲艺术馆藏

发愿文：唯大魏岁次癸丑四月己未朔八日，清信士佛弟子赵见口、赵阿
内、赵口荫、赵洪显四人等……（以下略）

佛立像

北魏永熙三年（534）石灰岩 高 156 厘米
美国大都会美术馆藏

发愿文：维大魏永熙三季贰月癸未朔五日
丁亥……

按：喜龙仁认为此像原出陕西省华阴县，误，
应为山东所造。

佛立像（赝品）

东魏武定三年（545）款 石灰岩 高 63 厘米
澳大利亚新南威尔士艺术馆藏

按：此像雕刻线条柔弱，面部表情甜俗，特别是
光背上方的佛坐像衣褶滑软，种种纰漏都可判定
此像是赝品。

佛立像

北魏永熙三年（534）石灰岩 高 95.1 厘米
美国弗利尔美术馆藏

发愿文：维大魏永熙三年岁次申寅四月癸丑朔
八日庚申……

佛立像（赝品）

北魏 石灰岩 高约 100 厘米
美国波士顿美术馆藏

按：表情甜俗，刀工柔弱，疑为赝品。

佛坐像

北魏 黄花石 高51.6厘米

日本畠山纪念馆藏

按：此像据传原在陕西户县鸠摩罗什寺。

佛立像（存疑）

北魏（6世纪前半）
石灰岩 高 91.5 厘米
美国弗利尔美术馆藏

佛立像（存疑）

北魏（6世纪）
石灰岩 高 84.8 厘米
日本根津美术馆藏

佛立像

北魏后期–东魏 石灰岩 高 117.5 厘米
美国弗利尔美术馆藏

佛立像

北魏 砂岩 高 112.5 厘米
日本大和文华馆藏

佛立像

北魏 石灰岩 高 137 厘米
瑞士瑞特保格博物馆藏

佛立像

北齐天保元年 (550)
石灰岩 高 164 厘米
德国法兰克福博物馆藏

佛立像（存疑）

北魏 石灰岩 高 127 厘米
收藏单位待查

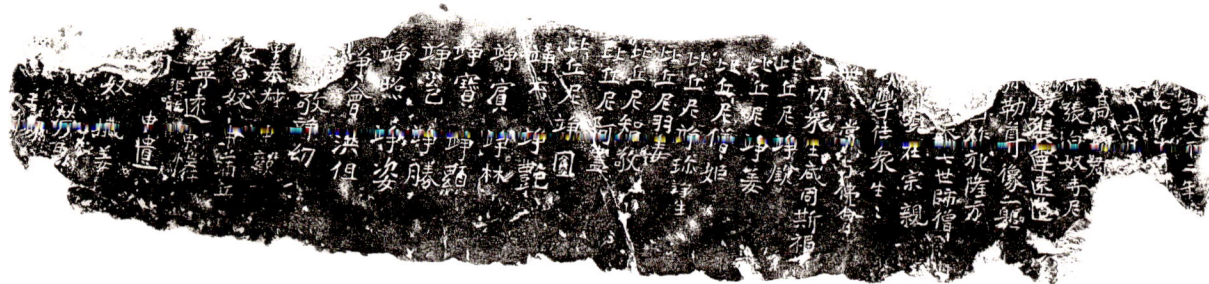

高阳郡张白奴等造弥勒佛立像

东魏天平二年（535）石灰岩 高 179 厘米

日本京都藤井有邻馆藏

发愿文：□魏天平二年……乙卯十月……廿六日高阳郡……具张
白奴寺尼□钦张宁远造弥勒尊像一躯……祚永隆万……忝七世
师僧……现在宗亲□学徒众生生世世常与佛会一切众生咸同斯
福……比丘尼净钦 比丘尼净姜 比丘尼僧姬 比丘尼净珍净生 比丘
尼羽姜 比丘尼智敬 比丘尼阿尽 比丘尼净圆 净云 净艳 净宾 净颗

净邑 净胜 净照 净姿 净会 洪但 □敬 净幼 申奉叔 申欢 张白奴 申
蒲丘 □宁远 申怜 张□……申遗 ……奴 □姜 □□ □助 □□ 王
阳……（以上台座正面）……宝王□□（以上光背正面左下方）
张人伯（以上光背正面右下方）

注：高阳郡，今河北高阳县。

佛碑像

东魏天平二年（535）砂岩 高 86.4 厘米
英国大英博物馆藏

发愿文：天平二年太岁在乙卯三月廿三日，未佰生合门大小造石像一区，
上为国主，下为七世父母，所生父母□□□眷属□□□□未佰

侧面

背面局部

邑子百人造释迦佛像

东魏天平三年（536）石灰岩 高 103 厘米
瑞士瑞特保格美术馆

发愿文：大魏天平三年岁次丙辰正月癸卯朔廿三日乙酉夫曰神如潜影□邈千纪
化运风□则芳音酬想纯晖改原则余兰东扇绍隆之来非人□不发是以诸邑子故能
同音□□开心舍悟造像雕余显□且述敬从所维见一首云尔合邑子百人等敬造释
迦像一区上为皇帝陛下师僧父母法界众生□□……

注：原应出河南郑州，仿品五十年代于郑州发现。

佛立像

东魏天平四年（537）　石灰岩　高46厘米
日本东京大学文学部藏

发愿文：须菩提若有善男子善女人初日分以恒河沙等身布施中日分
复以恒河沙等身布施后日分亦以恒河沙等身布施如是无量百千万亿
劫以身布施若复有人闻此经典信心不逆其福胜何况书写受持读诵为
人解脱须菩提以要言之是经有不可思议不可称量无边功德如来为发
上乘者说为发最上乘者说若有人能受持读诵广为人说如来悉知是人
悉见是人皆得成就不可量不可称无有边不可思议功德如是人等则为荷
担如来阿耨多罗三藐三菩提何以故须菩提若乐小法者著我见人见众
生见寿者见则与此经不能听受读诵为人解脱须菩提在在处处若有此

经一切世间天人阿罗所应供养当知此处则为是塔皆应恭敬作礼围绕
以诸华香而散其处大魏天平四年正月敬造
按：此像为日本考古学家关野贞20世初得自山东曲阜，大村西崖《支
那美术史雕塑编》最早收入。又据大村西崖《支那美术史雕塑编》，
发愿文有：大魏天平四年正月廿八日比丘惠晖合众敬造释迦石像一
躯并二菩萨愿为国王师僧父母及善知识六道众生永拔苦国生生值圣
闻法悟玄速成正觉

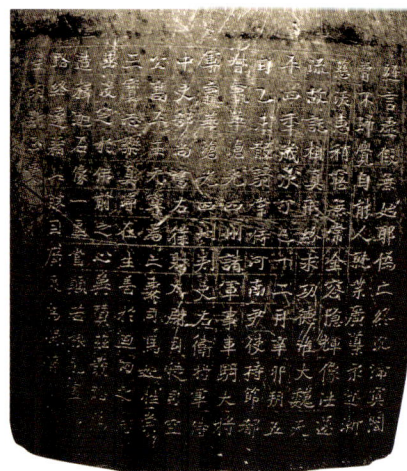

高平王元宁造释迦佛立像

东魏天平四年（537）石灰岩 高 77.5 厘米
美国克里夫兰美术馆藏

发愿文：……唯大魏天平四年岁次丁巳十二月辛卯朔五日乙
未散骑常侍河南尹使持节都督嬴华苍光四州刺史右卫将军侍
中史部尚书右仆射太尉司徒司空公高平王元宁为亡妻司马妃
性崇三宝志乐真净在生善于回向之念 ……为造释迦石像一
区……

菩萨坐像（存疑）

东魏（6世纪前半）石灰岩 高 196.5 厘米
美国波士顿美术馆藏

按：传河南省洛阳白马寺遗址出土。

荥阳太守薛安颢造玉像

东魏元象元年（538）黄花石 高 66.5 厘米

日本京都藤井有邻馆藏

发愿文：元象元年四月八日佛弟子安东将军银青光禄大夫前
荥阳太守薛安颢为亡女□氏造玉像一区愿亡者三途莫迳八难
勿历生生之处值佛闻法一切众生咸同斯福

大吴村比丘静颐等造佛立像（存疑）

东魏兴和四年（542）石灰岩 高 135.5 厘米 瑞士瑞特保格美术馆藏

发愿文：大魏兴和四年岁次壬戌十一月五日大吴村比丘静颐比丘□朗比丘……

佛立像（存疑）

东魏 石灰岩 高 111.8 厘米
美国旧金山亚洲艺术馆藏

杨子受造释迦佛坐像

西魏大统八年（542） 黄花石 高 23.5 厘米

日本大阪市立美术馆藏

发愿文：大统八年岁在壬戌□月□未佛弟子杨子受一心时妻马金丑一心时

佛说法坐像

西魏（6世纪中期） 黄花石 高 19.5 厘米

美国弗利尔美术馆藏

发愿文：……元季□……（台座右侧）

减□……（台座正面）

李道赞等五百人造佛碑像

东魏武定元年（543） 石灰岩 高 308 厘米
美国大都会博物馆藏

按：此碑全称《武猛从事汲郡山阳李道赞率邑义
五百余人造佛》，原出河南淇县北三十五里浮
山封崇寺，民国初年由顾燮光发现。民国十八
年（1929）被军阀截为两段，运往北京，后归给
美国人，今藏美国纽约大都会博物馆。据此碑
铭文"维大魏永熙三年岁在甲寅兴建至武定元
年岁次癸亥八月功就"，则从公元 534 — 543 年，
中间不知有何变故，近十年方功就。此佛碑虽
为浮雕，然多层镂雕，运用减地和阴阳多种刻法，
使画面极富立体感与变化。碑首为佛及供养人、
婆薮仙人和鹿头梵志雕刻生动。下部为维摩诘
与文殊对坐说法。

李道赞等五百人造佛碑像（局部）

李洪演造释迦佛立像

东魏武定二年（544）石灰岩 高 92.5 厘米

英国维多利亚·阿尔伯特美术馆藏

发愿文： 邑子李洪演造像颂

夫灵光郁烈，虽体洞□尘。然一承侵运，则十缠竞发。故释迦出后，有其初也。是以邑义等皆集出兰蕙，秀贯烟霞，悼纯晖之日削，恻重闇之年深。遂捐率舍，爰图嘉石，于此？垲造像一区。庶钟万品，等阶十号，颂曰：

湛矣溁源，攸哉宝观。总彼模拟，迈兹陈讚。事等手足，道犹花干。远迩□津，清浊交判。有释迦兴，体苞圣达，净乐萧然，常我无遏，三遄是填。王盖终脱，六度告□，双林显末，于穆邑义，广夏之梁，爰树填像，仿佛遗光。功崇先祀，福润见方。咸□□吉，永拔宿霜。武定二年三月日一造讫。

按：此像原在河南获嘉其南三十里法云寺，又名《邑子李洪演造像颂》。此像肉髻低缓，体态凝重，为典型的东魏造像特征。惟大衣内着僧祇支为左衽式，较为少见。

佛碑像

西魏（无刻款，约大统年间，535 — 551）石灰岩

高 249 厘米宽 87 厘米

美国纳尔逊美术馆藏

按：传原出山西省芮城县。

骆子宽等七十人造释迦像

东魏武定元年（543）石灰岩 高 142 厘米 美国波士顿市嘎特那美术馆藏

发愿文：唯大魏武定元季岁次癸亥五月庚寅朔十五日甲辰，夫圣觉凝渊非刑像无以视其真是以清信士佛弟子骆子宽等七十人仰为皇帝陛下七世见存造释迦右像一区愿使法界众生息心归元功兼物我拾□两躯有无名一乘宽驾权十方思运矣 比丘尼僧志……像主骆子宽像主革显遵像主张延吉像主乐荣贵像主王归胜齐主□□光明主张台登像主苟延穆□□菩萨主严遂兴□□菩萨主元丰洛多宝像主斋士先梵王王洛苟仁观世音二像主王舍竜二菩萨主赵明阿难迦叶主尉愿弥勒像主田叶成香火主韩所邑子□□□（以上台座正面）龙神王 风神王 珠神王 □神王 树神王 山神王□神王 鱼神王 鸟神王 狮子神王（以上台座两侧及背面）

按：碑座四面刻山神王、风神王、树神王、珠神王等十位神王，是唯一雕刻有神王名称的造像碑。此碑内容丰富，镂刻精美，是佛教雕刻史上的名品。笔者有《关于神王的探索》一文，载《佛教美术丛考》，可参看。

骆子宽等七十人造释迦像（背面及侧面）

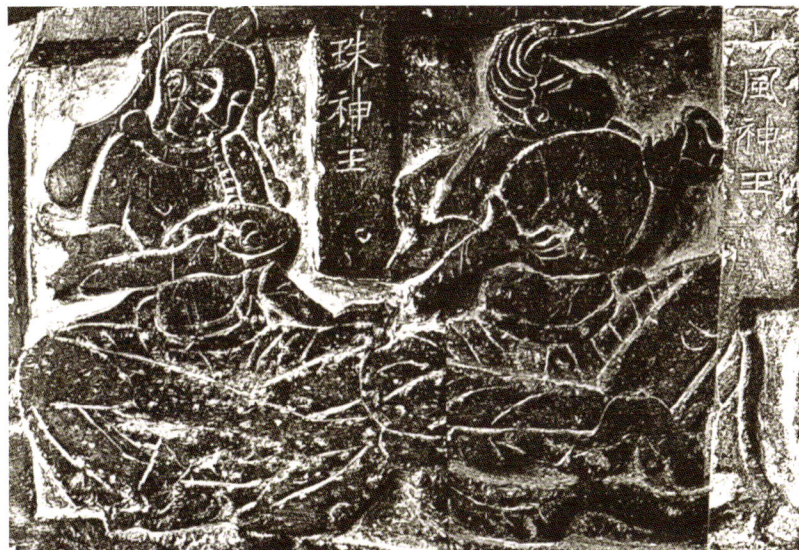

骆子宽等七十人造释迦像（局部）

报德寺七佛碑像

东魏武定三年（545） 石灰岩 残高208厘米
日本私人收藏

按：亦称《洛州报德寺造像碑》《七佛颂》。旧在河南洛阳，曾归端方。隶书，十九行，行三十字。

发愿文：魏报德玉像七佛颂碑 轨基绵邈体非缘待有无不染唯圣乃？实证□□□□□□□故□中说□周蝶相转或云始从见□终于第一有思成佛□□□□□□得法身无心于为而无不焉物成坏位极方具故知山谷之音□□可尽如□所见非求可得一俯一仰木石开□况至理之中何身不有同□□方其谁不是□□三界何家知非无在不在□纶太虚信矣是□共世人□□历劫犹不觉知况业□地别七识十居毒饭□衷正其宜也明须结心王□□亡立门侧时宿？菴始信是天属谅非旦夕之间可得逢觐涓涓决石履□坚冰大魏龙飞恒代创基帝业王有九土至高祖孝文定鼎崧洛莊饰□宙津梁四海礼乐更新雅颂□溢于是逆旅星□林墅华殿广兴塔□绍隆三宝始造报德寺洸洸济济与舍卫竹园同风宣武皇帝剖玉荆山贾重连城雕镂莹饰摸一佛两菩萨石基砖宫树于寺庭法鼓十足始曲世间中止之轮再转丁大千半月之仪流晖于冬夏寇沧影于光亦仿佛初旭沙门昙昌蒙国慈矜无由仰谢共慧云洛州刺史田景车骑将军□元标河南太守司马相胄□参军杜文敬等建碑□□金容后刊灵讃庶□兹□崇增川岳愿七神□□城皇祚□隆群寮忠贞旷劫动师僧七世父母法界含识同需斯庆龙华之□□登初会其词曰三有深无限彼岸甚悠悠于中常沦没何季见春秋唯□□力王水上乘轻舟汎汎随波转载沈复载浮意□渡斯尽正恨缘废休愿□□是者应当速反流行藏业不许树静风岂听如船随廻复无由得白亭□□酒一□谁当可尽生不如奋云翼高翔天中城 武定三季岁在乙丑四月丁丑朔十五日建

怀州栖贤寺比丘道颖僧柬等造释迦佛像

东魏武定四年（546） 石灰岩 高 128 厘米
美国宾夕法尼亚大学博物馆藏

发愿文：大魏武定四年岁次丙寅二月甲戌朔八日辛巳怀州栖贤寺比丘道
颖僧柬等敬造 夫湆觉幽□□真容玄□以感□应毌应迁□□像此是以比
丘道颖等愧不遇慈□□授别记故尽资□力敬造砖天宫一区复造玉释迦
像一区光趺九尺并二菩萨迦叶阿难斑伺能人雕昂圣容严仪白天□漏七
佛变现胁生竜王吐□庆瑞云□光照赫□乃登嘱云腾□不称愿世二法师
万影云消德□响集俱登三会以斯□□仰为皇帝陛下师僧父母内外眷属
□姿遐延尊□极世俱□真□神超人□一切合识等愿正觉比丘法因比丘
道旷比丘惠化比丘道腾比丘大道业比丘小道业。

按：怀州为今河南省沁阳市。

上党郡龙山寺沙门志朗造释迦佛碑像

东魏武定年间（543—550）石灰岩 高 69 厘米

美国弗利尔美术馆藏

发愿文：灵觉天□□□渊□幽宗……（中略）……上党郡之南□八涧村之东北

龙山寺高德沙门志朗……以武定□年九月九日？造释迦释石碑像两躯……

佛碑像

西魏大统十三年（547）石灰岩 高171厘米

美国旧金山亚洲艺术馆藏

按：发愿文多损，唯见邑子、维那等姓名。

佛碑像各面及局部图

合宗并诸乡秀士等造佛碑像

西魏大统十七年（551）石灰岩

高 329 厘米　宽 83.8 厘米

美国芝加哥美术馆藏

发愿文：夫王宫遒教鹄林余迹至道冲玄无际可□有念斯在自法水晋流宝□□□爱海沉□无津欲河浮□致溺□妙躰宗玄专□□□向难惠日埋晖则慈□□照故知至念所□宜□正觉□□□信□合宗并诸乡秀士□□□他人□心弥速躰解四非深识苦元知□若幻尢念群生之可□□□□同硕之实果人苦割已所珍陟以名山采求神石率共敬刊碑像一区

举高丈大众相严仪振动十方并□天宫一区巍巍崇峻上□三光下笼无岫郚人思□不日之功□□可谓晃率之容再现□□辰双林之狄将显于即日籍□斯善俤愿皇帝陛下大承相群宫俤僧父母存亡眷属一切含生普蒙斯福除或悟空弥勒三会愿在初会大魏大统十七念岁次辛未七月壬申朔廿三日甲午造

碑侧

佛碑像

北齐天保二年（551）石灰岩 高 97 厘米

美国宾夕法尼亚大学博物馆藏

按：佛碑雕刻极为精美，碑侧浮雕"波罗门施舍"等佛经故事。

据风格判断，应原出自河南。

艾殷造定光释迦弥勒普贤四躯像

西魏大统十七年（551）片麻岩 高 33.7 厘米

日本京都大学文学部博物馆藏

按：此碑亦称《安次县开国男艾殷造像》。

发愿文：大统十七年岁次辛未三月乙巳朔十五日己未佛弟子卫大将军行猗氏县（以上台座右侧）

事安次县开国男艾殷敬造定光释迦弥勒普贤四躯上为皇帝陛下七世父母过去见在（以上台座背面）

眷属一切含生恒与善俱咸升大寂妻彭白妃息男仙伯（以上台座左侧）

佛龛像

北齐 天保三年（552） 黄花石 高 14.4 厘米
原日本龙泉堂旧藏
发愿文：天保三年四月十一日比丘□□敬造弥勒
像一躯供养，愿若法界众生俱成佛道。

半跏思惟残像

北齐 大理石 高 44.5 厘米
美国纳尔逊美术馆藏

佳文贤造道教碑像

西魏甲戌年（554）石灰岩 高70.6厘米
日本大阪市立美术馆藏

发愿文：夫至道冲妙□□□隐□象训□□□□业精进士
佳文贤仰为亡母造四面象一採石名山京邑秀巧刊见真容
华艳妙又愿亡母上升天堂见在无吉□受□延了觉群表又
愿皇帝太子大丞相受命中兴祚（以上右侧面）
曾祖佳晖 妻刘 祖佳舜 妻□ 父佳□ 母刘 息女□ 息女胜
息女族 息女贤 息女龙 息女洛 息女□ （以上正面）
息女女女 息女女香 息女春香 侣妻马黄罗 胜妻□ 俄姜
族妻□ 双妃 洛妻王香珠贤妻王孔花 王妻□□香 孙子天
恩 孙延和 孙□棚（以上左侧）
孙完骑 孙辅先 孙仲晕 孙仲先 孙辅业 孙辅和 孙明子 孙
□虎 孙定和 孙承先 孙承元 女孙女□ 孙山好 孙要婵 孙
要姿 孙要□ 孙广妃 孙妙妃（以上背面）

薛氏一族造佛碑像

西魏恭帝元年（554） 石灰岩 215×80×73 厘米

美国波士顿美术馆藏

发愿文：唯大魏元年岁次甲戌四月丁亥朔十二日庚辰……佛弟子薛山俱薛季讹薛

景乡宿二百他人等姿□□□去留之难保慨人之无常念之切忆独状累表各竭精心共造

石像一躯……化主李庆和……

按：铭文漫漶不易通读，细辨文中尚有"弥勒三会"之语，则佛碑中当有弥勒形象。

碑背面上方

碑正面局部

碑侧面局部

比丘法阴等造坐佛碑像

北齐天保八年（557） 石灰岩 高 150 厘米

瑞士瑞特保格博物馆藏

发愿文：大齐天保八年岁次丁丑四月乙巳朔八日弟子比丘僧法阴都维那

前龙骧将军南衮州大……比丘僧法林都维那前广武郡中正曲梁县令颜头

德……（后为邑子名）

惠祖等造思惟像台座

北齐天保十年（559）大理石　高11厘米　东京国立博物馆藏

发愿文：惟大齐天保十年岁次己卯二月十五日像主比丘惠祖比丘智元像主□□吉毋人等敬造龙树思惟像一躯通身□大三尺半仰为皇帝万民有为含识受苦众生一时成佛后为师僧父母七世先亡见存眷属同发□ 果比丘尼道惠比丘尼道祯……

按：此像座四面雕刻从诞生到涅槃的所谓四相成道故事。龙树思惟像并非是龙树菩萨像，而是指思惟菩萨像的上方树枝缠绕如龙状。

袁景珍敬造弥勒像（台座）

北齐太宁二年（562）石灰岩

高 15.24 厘米 宽 35.56 厘米

美国旧金山亚洲艺术馆藏

发愿文：太宁二年三月廿三日佛弟子袁景珍敬造弥勒象一区
上为皇帝有为师僧父母因缘眷属一切啥生有形者愿使公□直
至西方无量寿国一时成佛

邑义卅人等造佛碑像

北齐河清三年（564）石灰岩
全高 125 厘米 宽 64 厘米
美国弗利尔美术馆藏

发愿文：维大齐河清三季岁次甲申四月己丑朔十二日庚子敬造若夫至理玄□非□无以□其京行道宗冲□匪功何以表其盛德至洒扰扰四生皆出入于存亡之境驱驱万□金去来于是□之路幻术虽形□屯已减轮回□息□环岂巳非建□业意奉灵津□□之□□咸明之□□致然有□豫州州都白水□府行□军□别驾毛义摧□八桂之□抽芳邓林之苑播□□于□府藉地厚于□□识□□□惠清远人为水镜器量□□齐才宝通理苦□无我便损七尺之躯缘假非有□□□□□千金之货仍齐比丘僧道政德行淹□□素修显洗心法□□情道际共相□□□出入存□功遂□□□邑义卅人等选自福田□□滕地在垣埫寺□敬造石像一区石□□采高华匠追扬□丽绝图□妙尽真容北佩郑邑□桓武之事南面形□□由产之盛□□带二水乃延智□□居有□二山仍属仁齐之□□千□百□异□色同□□□叶□蔽阴连少知星月流道□容浔道入门负笈之夫陟游□返□门□德器令□□□□锡名僧岂遂千里戒行清苦□存十善之识言念至□□诚□□天时之□□□拘拘已邑□□□真有鹿苑之风不无□山之海敬羡嘉处建慈功□□□其□□无小无大□□□□谁穷谁达溢尽为非□人明识惠此机□时以□□手□衣苦海扬□大□□盛多□波□昇此究竟□迷浔□假我明命□感不休功兴已竟道生四谛□起三门日□致善乌鸭兴恩灵□□烈敢鹿斯存镌石功纪固本梁相理尚□□□真清素绝尘自此和光匪□崔览高山浮丘已遇□暖流水灌□是题（以上背面）比丘尼惠方 比丘□幼 比丘道光(以上正面)

陈文生等家族造佛碑像

北周保定二年 (562)　石灰岩 高约 40 厘米

美国波士顿美术馆藏

发愿文：像主前郡功曹陈文生息女金香 妻张伯□ 次息玉姿息前郡功曹遵□ 次息丰姿次息
遵畅□ 妻张量次息□ 畅畅妻杨幼□ 孙子舒孙女孝姿孙女□妃 保定二年五月十八日造

倚坐菩萨残碑像

北周 石灰岩 高 34 厘米

美国波士顿美术馆藏

按：此为碑之上部，正面的倚坐菩萨当为弥勒，背后为释迦佛持尘尾为五弟子说
法，弟子左侧可见 "佛在鹿□□（野苑）为五比丘说法" 数字，题材少见。

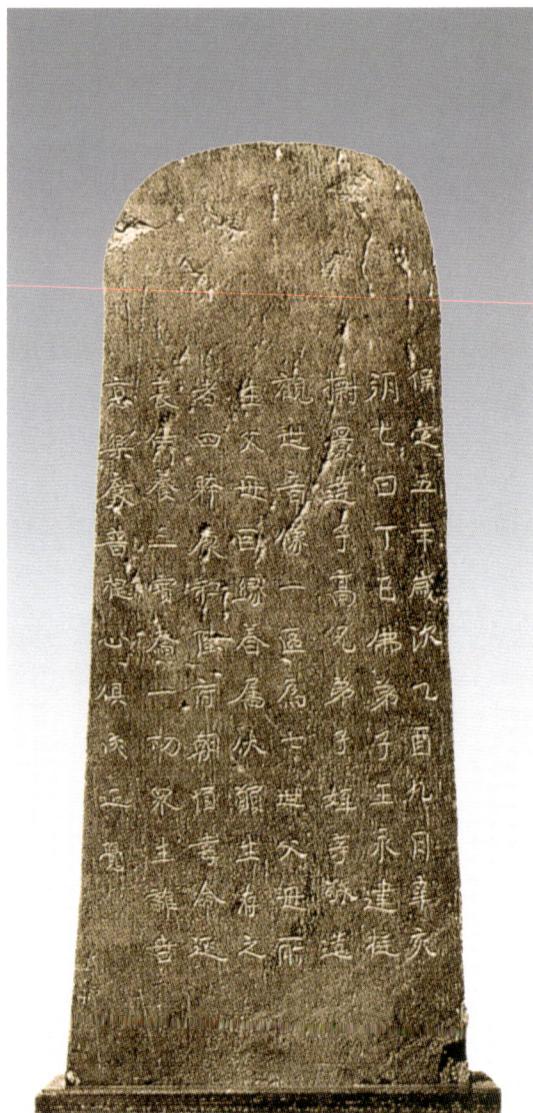

王永建造观世音像

北周保定五年（565） 砂岩 高 58.6 厘米

日本大阪市立美术馆藏

发愿文：保定五年岁次乙酉九月辛亥朔七日丁巳佛弟子王永建□□景
达子高兄弟弟子姪等敬造观世音像一区为七世父母所生父母因缘眷属
伏愿生存之者田躲康和陆府朝□寿命延莨供养三宝为一切众生离苦□
乐发菩捉心俱成正觉

背面

合邑二百人等造释迦佛立像

北齐天统五年（569）石灰岩 高 232.5 厘米
美国纳尔逊美术馆藏

发愿文：唯大齐天统五年岁次己丑三月庚申朔十八日丁未 ……
合邑二百人等采石荆山同併□牵引匠东都俱思净土即于寺□
造释迦丈六□ …… 写阿弥陀象 .. 引邑徒采玉□镇工□班轮入
成□信雕磨灵象伽蓝之台双林到影碧海西迴飞仙朝拥绮并晨
开□如地涌蕚似遵□国□唯永五方朝骘邑徒同登菩提之道与
四生同怀法性刊兹玉石将来□敬

按：据传原存山西省长子县。

碑侧面

李元海兄弟七人造元始天尊碑像

北周建德元年（572）石灰岩

高 151.7 厘米 宽 58 厘米 厚 17 厘米

美国弗利尔美术馆藏

发愿文：……李元海兄弟七人等……仰为亡考姚造元始天尊
像碑一区…周建德元年岁次壬辰九月庚子朔十五日甲寅造记

清信女申屠□妃造释迦佛坐像

北齐武平四年（572） 砂岩 高 37.5 厘米
美国弗利尔美术馆藏

发愿文: 武平四年四月八日清信女申屠□妃为母敬（以上右侧）
造释迦像一区□此福资先母□心安隐众弥芸除寿同天而永固
□无穷之富贵奉为帝主人民四主离（以上背面）若因□咎普
治斯善俱时作佛（以上左侧）

局部及碑侧面

佛碑像

北齐 石灰岩 高 163 厘米
英国维多利亚·阿尔伯特博物馆藏

背面

佛碑像

北齐武平六年（575）石灰岩 高 210 厘米

美国宾夕法尼亚大学博物馆藏

发愿文：夫妙理渊寂……大齐武平六季□次乙未四月乙酉朔

八日……远采奇岫□琢近访三苑之手敬造碑像一区通高八尺

像及重堪隐起……

按：据风格推测，可能出自山西。

佛说法坐像

北周（6世纪后半） 黄花石 高 50 厘米
美国旧金山亚洲艺术馆藏

昌乐县开国公郭贤造释迦佛像

北周保定四年 (564) 黄花石 高 41 厘米
日本正木美术馆藏

发愿文：维周保定四年岁次甲申五月八日使
持节骠骑大将军开府仪同三司大都督陕州柱
国吴 公总管府长史昌乐县开国公郭贤敬造
释迦牟尼像一区

佛立像

北齐 石灰岩
美国底特律艺术中心藏

佛坐像（存疑）

北齐（6世纪后半）白色大理石 高161厘米
英国维多利亚·阿尔伯特博物馆藏

佛坐像（存疑）

北齐 大理石 高 160 厘米
日本私人收藏

比丘智□造菩萨立像

北周天和元年 (566) 黄花石 高 44.3 厘米

日本书道博物馆藏

发愿文：唯周天和元年岁次丙戌四月八日比丘智□造 比丘智标
比丘道云 比丘智宝 比丘智海 比丘昙门……妻鱼妙晖持花供养

魏蛮造石菩萨立像

北齐天保三年（552） 石灰岩 高 340 厘米
日本东京国立博物馆藏

按：据传原出山西。

发愿文：夫至道虚凝、玄宗秘旷、遁迹可语、就体难名。自影现北天、
□交东汉，真仪晌于镌刻，奥说彰于乘品。报应之途，遂广□梁三寄，
更宽扰扰四生，因兹以登正觉，攸攸六道，籍此□去尘罗，至于
神化，圆通圣教潜被，非称谓之可陈，岂言像所能述。讨冠将军
长子县令魏蛮，钜鹿下曲阳人也。其基构权舆之绪，世载衣冠之业，
故已垂之篆策，布在□谣。曾祖章，征西将军给事黄门侍郎。祖嵩，
冠军将军陇西上□正平三郡太守赠并州刺史。父秀明，咸将军给
事中北□□□□传□昌厥后。君器局沉雅，织心简正，行发围间，
□闻邦国。献武皇帝龙潜，初九道迈彰，韦天纲所该，□华毕萃，

召君为勃海王国大夫，后以百里之任，务兼□□、制锦治口，唯
贤是属。转为长子县令。君导德齐，礼□□□中惠政，布于下车。
有成著于□月，百姓悦之，言□容□□，复妙识苦空，洞解生灭。
乃以弦歌之瑕，结念道场□□□之易消知斯石之难。久遵累宝而
发诚踵布金以兴□粤。大齐天保三年发次壬申七月丁卯朔十五日
辛巳□造石像一躯并千像，仰愿皇帝陛下，太皇太后、□道与日
月齐明，圣躬天地等，固殊方屈膝，荒裔来庭，□马休牛、销金
罢刃、含灵抱识、成沃斯善。县功曹王洪□□谓发念归依，聚沙
足以成塔，率心迴向涂扫自可为□况复妙极，雕磨巧穷，严丽精
诚感至若斯之盛者哉，而过隙难留，逝川无舍，时人故老方随运
沦落，岂使嘉猷茂□阙而不记，乃相与勒石裁铭永贻多世，其词
曰□□法界浩浩、群生共□殊，禀同炉异形去来不息，□□□停，
誓兹野马，如彼乾城，慈世应物、开诱慧良，既□□音复吼，化
周动植、绩被空有，一念在心，皆随业受于惟□德独悟玄门，思
游净土，愿出尘昏莹，玉图彩贻之后昆，□容无昧灵相长存。

"讨冠将军员外殿中将军长子县令魏蛮供养""□□侍佛""□
母王待佛""□曹侍佛""弟神龟张□□下中兵参军侍佛""卢
佛时""弟子□高军王张流参军侍佛""□侯侍佛""亡弟阿□侍佛""亡
弟小□侍佛""亡妹阿录侍佛""亡妻尹侍佛""亡妻张侍佛""息
及祖侍佛""息伏妈侍佛""息小祖侍佛""息贵祖侍佛""亡
息贵洛侍佛""外甥武元嵩息敬欢侍佛""妻韩侍佛时""郭洛
兴侍佛""妻刘侍佛时""息妻李侍佛""息长祖侍佛""息万
祖侍佛""息女男妃侍佛"

佛立像

东魏末至北齐初 石灰岩 高 72 厘米
美国大都会美术馆藏

佛立像（存疑）

东魏　石灰岩　高约 150 厘米
美国旧金山亚洲艺术馆藏

按：此像面部和手部雕刻概念化，衣纹等方面亦不够生动，
疑是赝品。

宋文和夫妻造观音像

北齐天保八年（557）白色大理石　高 43 厘米
法国吉美博物馆藏

发愿文：保安寺大齐天保八年岁次乙亥四月廿三日镇远将军
宋文和夫妻为息桃杖在难仰凭慈特私心发愿敬造观音一躯事
毕讫功以此功福因缘资润过去见在常遇道迹又为小兑转迁高
位禄列登保身遐托恒使如愿

背面

戎爱洛造半跏思惟菩萨像

东魏武定二年（544）白色大理石 高 54.4 厘米
日本书道博物馆藏

发愿文：武定二年太岁在甲子十月廿日清信士佛弟
子戎爱洛妻赵阿赌女慈任敬造白玉像一躯上为皇帝
陛下为亡父亡母广息善飞菩及法界众一时成道

诸刘村邑人刘氏等敬造白玉像

北齐河清四年（565） 白色大理石 高 95.4 厘米
美国弗利尔美术馆藏

发愿文：河清四年二月八日曲阳县□城诸刘村邑人等敬造白玉
像一区上为师僧父母皇帝陛下下位先亡后为边地众生俱时成
佛 像主刘思显 像主刘□显 像主刘悦 刘□生 刘奴 刘佳 刘就
此像尚有明代追刻铭文：刘回世□城社城北村庙主甄京妻许
氏崇修善人张荣芦氏张资付氏张方□氏降张氏高安□匠毕奉
王海末匠杜和正德十一年二月二十柴日立

永□寺尼僧和造石思惟菩萨像

东魏武定二年（544） 白色大理石
高 48.3 厘米 美国大都会美术馆藏

发愿文：大魏武定二年岁次在甲子四月乙亥朔十二日永□寺
尼僧和造石思惟一躯上为国家师僧父母内外眷属亡兄亡姊法
界众生一时成佛僧藏尼侍佛道□尼侍佛

背面

王祖世敬造思惟玉像

北齐天保二年（551）白色大理石加彩

高 58 厘米 宽 33.65 厘米

美国旧金山亚洲艺术馆藏

发愿文：天保二年四月十八日佛弟子王祖世敬造思唯玉像一区上
为龙天八部七世先亡现在眷属愿共法界众生下及昆蚁一时成佛

黄海伯造弥勒龛像

北齐天保八年（557）白色大理石 高55.2厘米
日本大阪市立美术馆藏

发愿文：天保八年正月廿日佛弟子黄海伯并妻汲为七世内外敬造白
玉弥勒像一区下及法界众生讬生四方（以上台座正面）上为皇帝陛
下赵郡大王群僚百官州郡令长俱登彼岸（以上龛上部）

佛立像（存疑）

北齐 白色大理石 高 133 厘米

收藏单位待查

按：此像形式过分规整、动态拘谨、线条板直，似有描摹痕迹，

真赝待考。

佛立像（背面及局部）

半跏思惟菩萨像

北齐 砂岩 高 33 厘米
美国弗利尔美术馆藏

佛坐像（存疑）

北齐（6世纪中期） 大理石加彩 高46厘米

日本根津美术馆藏

背面

交脚佛坐像
北齐 白色大理石 高 86.3 厘米
美国克里夫兰美术馆藏

背面

双观音立像（存疑）
北齐 大理石 高 94.5 厘米 德国科隆东洋美术馆藏

按：石像表面似人为染色，佛像略乏动感，神王动态亦僵硬，真赝待考。

半跏思惟菩萨像（存疑）
北齐 大理石 高 56.6 厘米
美国波士顿美术馆藏

半跏思惟菩萨像
北齐 大理石 高 47.7 厘米
东京国立博物馆藏

背面

局部

释迦佛立像（存疑）

北齐 大理石雕加彩

高 119 厘米

美国克里夫兰美术馆藏

刘王赵安诸姓邑子造阿弥陀佛立像

北齐至隋初 白色大理石 高 268 厘米
加拿大皇家安大略博物馆藏

发愿文：□□元季八月十五日□雾……刘
王赵安诸姓邑义道……人等为国故造弥
陀……世音大势至二菩……众尼俱……邑
世县……

倚坐佛像（存疑）

仿北齐样式 大理石加彩 高 52.07 厘米
美国宾夕法尼亚大学博物馆藏

按：表情较甜俗，线条柔弱，可能是民国时期的赝品。

侧面

菩萨立像

北齐河清三年（564）石灰岩加彩 高 230 厘米
日本京都藤井有邻馆藏

法界人中佛像

北齐 石灰岩 高 175 厘米
美国弗利尔美术馆藏

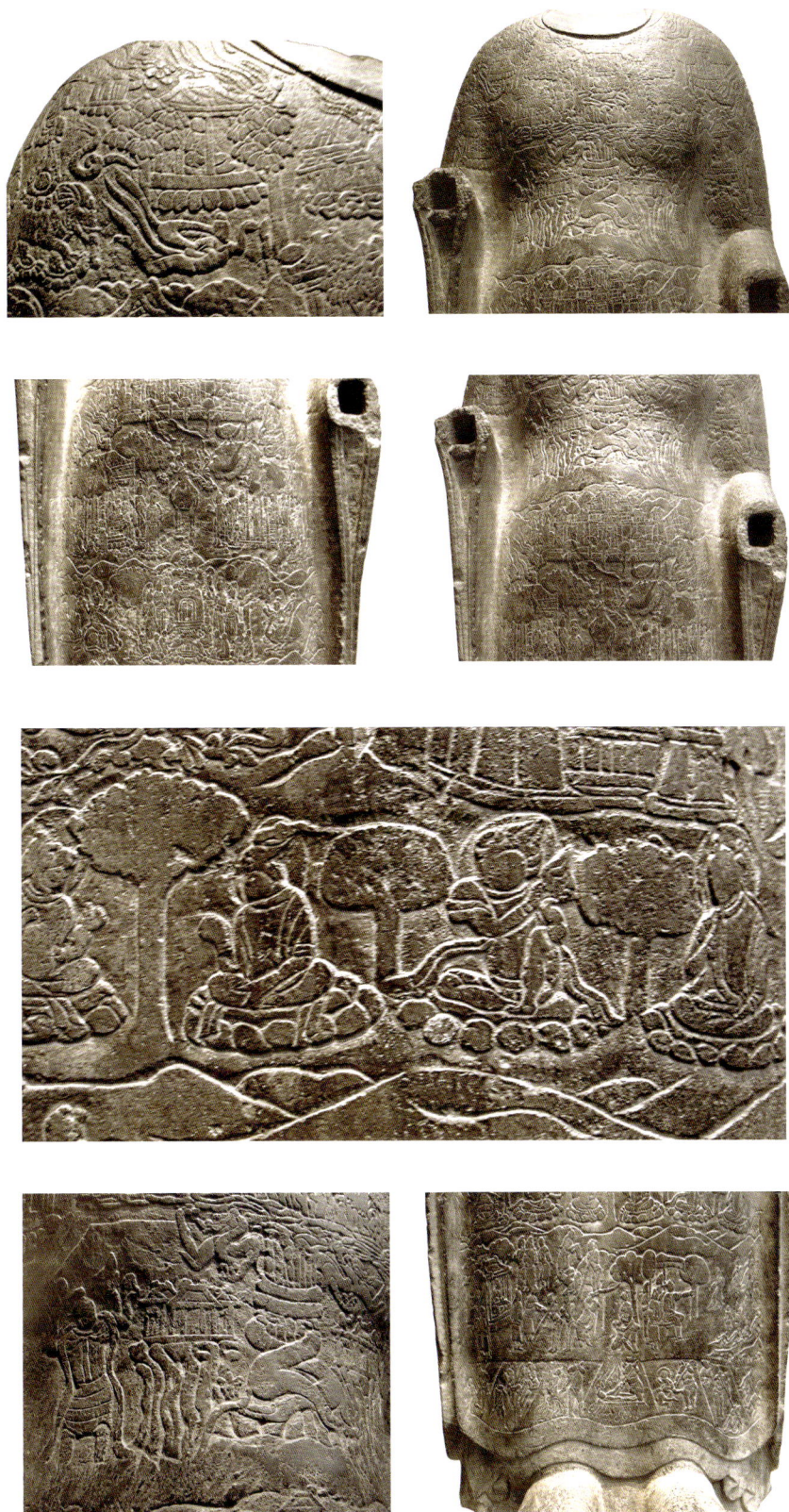

法界人中佛像

（局部）

菩萨立像（存疑）
隋 大理石 高 175.3 厘米
美国辛辛那提美术馆藏

观音菩萨立像（存疑）
北齐 大理石 高 96 厘米
德国柏林东亚艺术馆藏

佛立像（存疑）
北齐 大理石 高 314.5 厘米
日本根津美术馆藏

佛说法坐像（存疑）

北齐 大理石加彩 高 64.5 厘米
美国哈佛大学博物馆藏

缘觉菩萨像（存疑）

北齐（6 世纪末）石灰岩

高 106.8 厘米

美国旧金山亚洲艺术馆藏

菩萨立像 （存疑）

北齐 白色大理石 高 90 厘米

美国哈佛大学博物馆藏

弟子像（存疑）
北齐 大理石 高 40.64 厘米
美国宾夕法尼亚大学博物馆藏

弟子像（存疑）
北齐 石灰岩
美国大都会博物馆藏

弟子像（存疑）

北齐 石灰岩 美国芝加哥美术馆藏

弟子像（存疑）

北齐 石灰岩加彩 美国哈佛大学博物馆藏

按：与河北响堂山石窟风格接近。

佛立像（存疑）

北齐 石灰岩 高 127.6 厘米 美国西雅图美术馆藏

缘觉菩萨

北齐 石灰岩 高 152.4 厘米 美国底特律美术馆藏

菩萨立像（存疑）
北齐 石灰岩
美国哈佛大学博物馆藏

佛立像
北齐 大理石
美国纳尔逊美术馆藏

菩萨立像
北齐—隋 白色大理石 高 157.48 厘米
美国纳尔逊美术馆藏

菩萨立像
北齐 石灰岩
美国大都会美术馆藏

半跏思惟菩萨像

北周（6世纪末）黄花石 高 48.2 厘米

日本私人收藏

按：据传来自山西省南部，此像为黄花石，似应为陕西
地区所造

伎乐天人

北齐 大理石 高 53 厘米
法国私人收藏

菩萨立像

北齐 石灰岩 高 145 厘米
美国旧金山亚洲艺术馆藏

佛立像

北齐 大理石加彩
美国费城美术馆藏

四面石龛像

北齐 石灰岩
高 241.3 厘米 宽 171.5 厘米
美国大都会博物馆藏

各面局部

四面石龛像（各面及局部）

观音菩萨立像（存疑）

北齐（6 世纪后半）白色大理石
高 170 厘米 美国大都会美术馆藏

金刚力士（存疑）

北齐 大理石 高 36.6 厘米
日本私人收藏

龛门线刻佛说法图

北齐—隋 石灰岩

美国弗利尔美术馆藏

线刻佛像碑座

北齐 石灰岩 高约40厘米

美国宾夕法尼亚大学博物馆藏

按：各面线画上有题记：弥勒下生佛、日月灯明佛、观世音佛、
药师琉璃光佛等，内容丰富，线刻精美。

石棺床

北齐—隋 石灰岩

美国波士顿美术馆藏

吕景□造观世音像（莲花台座）

北齐武平元年（570） 大理石加彩 高 25.3 厘米
日本白鹤美术馆藏

发愿文：大齐武平元年五月十五日吕景□敬造观世音
像一区愿国祚永隆信者万福盈在群生俱登妙果（莲瓣
内朱色题记）

张明山造佛说法坐像（存疑）

隋开皇元年（581） 黄花石 高 17.7 厘米
日本滨松市美术馆藏小杉惣市藏品

发愿文：开皇元年三月十八日……张明山为父？造福

按：此像造型呆板，线条无力，真伪待考。

比丘惠静造释迦佛像

隋开皇二年（582）石灰岩 高 50.7 厘米

美国弗利尔美术馆藏

发愿文：开皇二年岁次壬寅十月壬申朔十五日丙戌造释迦像菩

供养比丘惠静 当□□重□治

崇光寺菩萨立像

隋开皇五年（585）白色大理石 高 307 厘米
原在河北保定崇光寺 日本东京国立博物馆藏

发愿文：□□□大像□二菩萨去隋开皇五年合道俗等于废崇光寺敬造即为岁月深远妆彩烟灭属大唐上元元年有诏复兴此寺合僧一十一人并士女等痛相好之幽微伤庄严之凋落粤以垂拱元年十一月一日遂各舍净财选求妙手然则毫光流暉似镜周宵金色浮暉如呈汉梦以斯功德奉为四忍三有普及含灵因此福因其成觉道□寺僧一十一人名上座僧惠琰寺都僧惠明……

按：此像最初雕造于隋开皇五年，唐垂拱元年又加妆彩毕，然基本造型尚未摆脱隋代风格。

崇光寺邑义八十人等造阿弥陀佛立像

隋开皇五年（585）白色大理石 高 578 厘米
原在河北保定崇光寺 英国大英博物馆藏

发愿文：开皇五年岁次乙巳三月十八日韩崔村崇光 与像邑义八十人等为□敬造白玉弥陀□一区并二菩萨□法界众生俱登妙果 像主韩阿宗 维那比丘昙超 维那比丘道□ 像主袁保泽 □那韩昙□ 像主革保□ 维那韩洪业 像主郝神风 主染景丰 像主王保奉 主刘光远 像主杨明晖 □主讨阿思 像主孙保贞 主封叔仁 像主韩景兴 □主王世祖 像主石洪业 □主石子判 像主寇法嵩 □人比丘法释 像主刘士□ □人韩承祖 邑人韩滕宗 邑人韩昙□ 邑人韩珎业 邑人韩思兰 邑人韩阿多 邑人韩延宣 邑人韩同兴…（邑子姓名略）

秦光先造观音立像

隋开皇三年（583）石灰岩 高 41.5 厘米
美国大都会博物馆藏

发愿文：开皇三年岁次癸卯三月己亥朔八日丙午佛弟子秦光先仰为
七世父母所生父母合门大小敬造一区所愿从心

车长儒造观音立像

隋开皇元年（581）石灰岩 高 91.4 厘米
美国底特律艺术中心藏

发愿文：开皇元年岁次辛丑四月庚辰三月十七日丙申佛弟子车
长儒为上父敬造观世音石像一区愿上父托生兜率值佛闻法永离
众苦不坠三涂沸汤止流洪炉息炎刀山摧锋剑树落刃若生人间候
王长者富贵人家

观音菩萨头像

隋 石灰岩 高 36 厘米
比利时布鲁塞尔博物馆藏

观音菩萨立像

隋 石灰岩 高 212.7 厘米
美国圣路易艺术馆藏

诸邑人等造释迦、多宝二佛并坐像

隋开皇十五年（595） 大理石加彩 高 83.8 厘米
美国旧金山亚洲艺术馆藏

发愿文：开皇十五年岁次乙卯九月丙辰朔八日癸亥诸邑人等敬造玉
像一区上为皇帝陛下又为师僧父母一切众生普同正觉 邑人谁（？）
子宜 邑人房叔礼 邑人房探（以上台座右侧）

唯那李绍伯 唯那田子□ 邑人田叔 邑人房刊 邑人逢义 邑人齐□ 邑
人赵国 邑人韩□ 邑人韩荣 邑人？长 邑人曹毛 邑人程伯 邑人马鬼
邑人韩伯 邑人房进 邑人曹□ 邑人□则（以上台座后面）

直隶保定府完县新兴社西韩童村住发心善人马钦室人 侯氏刘氏 正
德十四年正月吉日造（以上台座左侧）

按：此像为隋代所造，明代正德十四年马钦室人侯氏刘氏后刻款。

成国乡邑子卅人等造观音立像

隋开皇元年（581）石灰岩 高 193 厘米
美国明尼法尼亚艺术中心藏

发愿文：□□寂冲玄则幽虚□泊视之能不见
其容听之不食其响无容为诸法之相无响为诸
法之名斯乃相即无相之相名是无名之名其犹
神珠之在诸黄随相而转其体而□虽住大涅槃
诸邑子卅人等减割身世之爪仰寻先圣之颜仰
为皇帝□□皇□国公群聊百司四方归服五谷
丰熟□民安俗为七世父母所生父母因缘眷属
敬造释迦相一区及法界众生等同斯愿大周天
和五年岁次庚寅五月癸丑朔十六戊辰造讫
（以上台座后面）

□臥塯紫椒非妙果不升圣道冲玄岂世俗所侧
仰念涅槃惠在积善崇身修立三宝藉众力得就
今成国乡孟义曲有德信邑子五人见三宝归真
潜没七载王道弘深令崇大圣诸邑子等殖宝根
于洪隋之基秀芳柯于灵□之顶谋道苗于匈衿
讨妙果于神府体善同权群修六道仰摹释迦之
遗风追金纲之余轨各减身财祥集众宝敬修释
迦像一区上为皇帝陛下法界众生七世父母斯
福因等同成佛□开皇元年七月九日修讫

按：此造像原出陕西西安一带，据铭文为北
周时代所造，隋代重修。又铭文中为"造释
迦相一区"，此像实为菩萨，可能当初尚有
佛立像，此为胁侍菩萨，石佛像下落不明。

观音菩萨立像

隋 砂岩 高 111.4 厘米
日本私人收藏

观音菩萨立像

隋 石灰岩
荷兰国立民族学博物馆藏

观音菩萨立像

隋 大理石加彩 高 50 厘米
法国吉美博物馆藏

观音菩萨立像

隋 石灰岩 高 91.4 厘米
美国旧金山亚洲艺术馆藏

姚子发造双观音立像

隋仁寿元年（601） 石灰岩 高 38 厘米

日本滨松市美术馆藏

发愿文：仁寿元年岁次辛酉十一□辛巳朔十□日发巳佛弟子姚子
发母令□□如为广□□□□生敬造观世音像二（以上台座正面）
区上为皇帝陛下父愿七世父母所生父母□□□□法界□（以上台
座右侧）生□□佛道佛弟子姚子□佛弟子姚折拾□男长□男问□
男伏□男世□□男广通男……（以上台座背面）男广问□□局
□□□□□□□王□□□□相宜□□世亲（以上台座左侧）

观音菩萨立像

隋 石灰岩 高 167.5 厘米 英国大英博物馆藏

按：此像应是山西一带所出。

观音菩萨立像

隋 石灰岩 高 94 厘米
美国波士顿美术馆藏

观音菩萨立像

隋（6世纪后半） 黄花石贴金加彩 高 51.4 厘米
美国纳尔逊美术馆藏

佛立像

隋 砂岩加彩 高 68.6 厘米

美国旧金山亚洲艺术馆藏

按：原山西省一带所出。

观音菩萨立像

隋 石造 高约 4.6 米

美国大都会博物馆藏

按：此像躯体高大，饰物精美，极为罕见。从璎珞形式看，原应出自山西省。

侧面

观音菩萨立像
隋 石灰岩加彩 高 104.1 厘米
美国旧金山亚洲艺术馆藏

侧面

观音菩萨立像

隋 石灰岩加彩 高 88.9 厘米
美国旧金山亚洲艺术馆藏

观音菩萨立像
隋 大理石 高 117 厘米
美国纳尔逊美术馆藏

背面

观音菩萨立像
隋 大理石 高 117 厘米
美国纳尔逊美术馆藏

观音菩萨坐像（存疑）

隋（6世纪后半）大理石 高 67.9 厘米
美国哈佛大学美术馆藏

迦叶像（存疑）

隋 石灰岩 高 120 厘米
法国吉美博物馆藏

阿难像（存疑）

隋 石灰岩 高 130 厘米
法国吉美博物馆藏

观音菩萨立像

隋 石灰岩 高 101 厘米 美国大都会博物馆藏

按：此菩萨像应为陕西西安一带风格。下层台座形制少见，疑后配。

背面

观音立像

隋 大理石 高 14.8 厘米

日本私人收藏

按：疑台座与菩萨当初并非一体。

观音菩萨立像（存疑）

隋 石造 高 40.2 厘米

美国克里夫兰美术馆藏

观音菩萨立像

隋 砂岩 高 138.7 厘米

美国克里夫兰美术馆藏

按：观音像彩色尚鲜，体量饱满，璎珞项饰繁复华丽，
松原三郎先生认为此像应为山西晋城一带所出。

侧面及局部

观音菩萨立像

隋 石灰岩 高 168 厘米

美国哈佛大学博物馆藏

按：此像原出山西省。

观音菩萨立像

隋（6世纪后半）石灰岩 高 249 厘米
美国波士顿美术馆藏

按：据说 1909 年出土于陕西省西安市近郊。

观音菩萨立像

隋（6世纪末—7世纪初） 石灰岩 高 185.4 厘米
美国大都会美术馆藏

佛坐像
北齐—隋（6 世纪后半） 白色大理石 高 63.5 厘米
美国纳尔逊美术馆藏

观音菩萨立像
北齐—隋（6世纪末）砂岩 高 132 厘米
美国纳尔逊美术馆藏

金刚力士（存疑）

隋 砂岩 高83厘米 美国纳尔逊美术馆藏

四面造像碑
隋 黄花石 高 34 厘米
日本高野山灵宝馆藏

观世音造像碑（存疑）

隋 石灰岩加彩
高 147.2 厘米 宽 71.1 厘米 厚 7.6 厘米
美国旧金山亚洲艺术馆藏

发愿文：自然转经行道弥勒佛前朝念观世音暮念观世音行念观世音坐念观世音念念从心起念佛不离心刀山自摧折剑落不伤人今当颂此经可得免脱身菩萨在世时乘船南度海道逢疾风雨海水扬波满船上五百人首死不望恬齐唱南无佛一切得解脱佛说观世音经一卷 佛说观世音经读诵千遍得度苦难拔除生死罪观世音菩萨南无佛国有缘佛法因常乐我缘佛说摩诃般若是大神咒南无摩诃般若是大神咒南无摩诃般若是大明咒南无摩诃般若是大无等等咒净光秘密佛法藏佛师子吼神足游王佛告须弥灯王佛法护佛金刚师子游戏佛药琉璃光佛普光功德山王佛善住功德宝王佛六方六佛名号东方宝光月殿妙尊音王佛南方树根花王佛西方皂王神通艳花佛北方月殿清净佛上方无数精进宝首佛下方善家月音王佛释迦牟尼佛弥勒佛东方快乐佛月明照住王佛过去坚持佛分别七净佛妙法莲华花上王佛令一切众生类在玉界中者住于地上者及以虚空中慈爱于一切令各安休息昼夜條慈心常念诵此偈消伏十毒害常夜半起三称六方六佛名字永拔三辽八难六处上众法堂快 佛说天公经一卷 佛说天公经琉璃檐作地白银作四壁鉎铜作中柱鸟身作屋樑真金作屋脊木银作屋榑黄金作罗薄赤金作雀替星宿作雀头日月作□窗至心当涅槃华严□杂经手得把此经即得□文成眼能看此经即得重光生口能读此经即得好音声耳能听此经历劫大聪明为天读千遍大富长者宣子孙生男寿万岁生女寿万年热病自消除良师不过门为天读千遍常在弥勒前叩头礼拜供养常至心

按：此像造型欠缺力度，线条柔弱，狮子龛置于碑首，真伪可疑。

王土让造佛碑像

隋 石灰岩 高 81.3 厘米 宽 35.6 厘米

美国旧金山亚洲艺术馆藏

发愿文：大像主王土让上为皇帝陛下恩宽舜正化美尧君天脣灵荷呈瑞⋯⋯为师僧七世父母上通有顶下及含生莫不藉此胜⋯⋯普门⋯⋯祖王龙胜任太原主簿父王恩宾任隋乡正王让妻口大彦高彦孙海庆让女如来惠艳孙女菩意⋯⋯大杜夫（以上碑侧）

弥勒像主比丘尼惠圻一心供养佛时三十五佛像主比丘尼惠艳一心供养佛时（以上碑侧上方）

石棺床

北齐一隋（6世纪后半叶）石灰岩 高 60.3 厘米 长 234 厘米

美国弗利尔美术馆藏

梁公造玉佛坐像

唐贞观二十一年（647）大理石 高110厘米
美国克里夫兰美术馆藏

发愿文：大唐贞观二十一年岁次丁未四月八日梁公造玉佛像
一区……主祀高阳公主上祝皇帝常登安乐下为□代子孙祈福
按：佛作禅定印，跏坐于束腰圆座。束腰部刻贞观二年主祀
高阳公等铭文。佛像身躯饱满，圆绳状衣纹线条，有印度马
土腊佛像的强烈影响，是初唐之作。但台座上的敷布用写实
性的布褶表现，风格不统一，且台座偏小，当初似不是同一
件佛像。

马周造佛坐像

唐贞观十三年（639）黑石灰岩 高 81 厘米
日本京都藤井有邻馆藏

发愿文：金人觉悟群生幽光远着护佑之功诚多安全之德莫大信乎
圣眷无私恩同再造贞观十三年岁次己亥五月二十五日中书舍人马
周为亡伯懿敬造佛像二区

按：马周，《旧唐书》卷七四有传。此像传为西安流出，见罗振
玉《海外贞珉录》、大村西崖《支那美术史雕塑篇》、松原三郎《中
国佛教雕刻史研究》。

四面龛佛像

北周—隋 黄花石 高 38.5 厘米

日本大和文华馆藏

发愿文：

西方无量寿（佛坐像龛右）

佛弟子阳道亮一心□□麦苏袍儿一心供养（佛坐像龛基坛榜题）

释迦多宝（二佛并坐像龛右）

王氏女诃仁 王氏女□（二佛并坐像龛基坛榜题）

弥勒佛（佛倚像龛右榜题）

女比丘尼志弟 女比丘尼志光（佛倚像龛基坛榜题）

定光如来（佛立像龛右榜题）

女志容一心供养 亡姨□向玉亡女百娘（佛立像龛基坛榜题）

赵峻及 妻造阿弥陀佛坐像

唐显庆二年（656）石灰岩 高 35.7 厘米
美国弗利尔美术馆藏

发愿文：显庆二年五月卅日弟子赵峻妻妻敬造阿弥陁佛一躯为七代
父母及法界众生俱成佛道

袁义余造佛碑像

唐龙朔二年（662）石灰岩 高 69 厘米
瑞士瑞特保格博物馆藏

发愿文：龙朔二年十二月十五日佛弟子袁义余乃妻王并女明晖为
父母及法界众生敬造石像一躯愿合家大小□□苦门同登正道

佛碑像

唐调露元年（679）石灰岩 高 99.1 厘米

按：见喜龙仁《中国雕塑》（Osvald Siren Chinese Sculpture），
现存待查。

阿弥陀三尊佛碑像

唐乾封二年（667）石灰岩 高 59.8 厘米

美国弗利尔美术馆藏

发愿文：台座正面：乾封二年岁次……敬造阿弥陀像……

崔善德造佛碑像

唐咸亨元年（670）石灰岩 现存待查

发愿文：佛弟子崔善德早亏庭阴孤弃所生对风树以长怀轸昊天而靡答将欲凭诸灵相极持幽途遂舍家珍敬为碑像一铺前雕弥勒依稀觌史真容却镂地藏之形无异于躬呈化以斯福祉需被存亡蚉类有情俱登正果咸亨元年九月……

碑侧：贞明二年正月六日薛景存重记立

按：正面为初唐所雕，背面地藏菩萨为五代后梁所雕。碑首螭龙在背后看不见，疑是两块佛碑，或不同时代所雕。来源待查，存疑。

佛说法龛像

唐咸亨三年（672）石灰岩 高 58 厘米
瑞士瑞特保格博物馆藏

高□造弥勒佛倚像

唐上元二年（675） 石灰岩 高 70 厘米
美国旧金山亚洲艺术馆藏

发愿文：夫金□□梦□□像于□□宜□九太□三会之
□□□使慈□□闻普□含生敬□弥勒一□二菩萨□兹
宜祐异拔幽空（以上台座正面）

□摺三□□从天路惟大唐上元二年岁次乙亥三月乙巳
朔□五日佛弟子高□□□惠□（以上台座右侧）

佛倚坐像

唐垂拱二年（686）石灰岩 高 53 厘米
中国台湾省礼瀛艺术品公司收藏

王法力等造弥陀像

唐 石灰岩 高 31 厘米 中国台湾省礼瀛艺术品公司收藏

发愿文：佛弟子王法力母陈为东行男敬造弥陀像母陈为法界众生
供养

阿弥陀佛坐像

唐 大理石 高 61 厘米
美国芝加哥菲尔德自然历史博物馆藏

冯□立造佛坐像

唐永昌元年（689）石灰岩 高 42.3 厘米
日本东京国立博物馆藏

发愿文：永昌元年二月十七日佛弟子冯□立
妻王息仁□仁贵合家等敬造石像一躯上为天
皇太后师僧父母下为法界苍生……亲近供养

张玄义造弥勒像

唐仪凤四年（679） 石灰岩 高 50.6 厘米
1990 年 12 月伦敦苏富比拍卖，现藏不明

发愿文：仪凤四年四月佛弟子八日张玄义为亡
女及七代父母敬造弥勒像一铺上为天皇天后
及……众养属具登兜率

杨□□造佛坐像

唐仪凤四年（679）石灰岩 高约 40 厘米
日本东京书海社收藏

发愿文：仪凤四年四月廿八日杨□□为亡姊□□□花□
操亡女佰头见□界文静妹□□敬造石象一区愿亡者俱
成佛道

佛坐像

唐永隆元年（680）白色大理石 高 40.5 厘米

美国大都会博物馆藏

发愿文：大唐永隆元年十二日……

比丘尼贵相造弥勒倚坐像

唐长安三年（703）石灰岩 高 33.3 厘米

日本大阪市立美术馆藏

发愿文：长安三年十月八日比丘尼贵相为师姨敬造弥勒像

一躯见在门徒平安

邑义十六人造阿弥陀佛像

唐景云二年 (711) 石灰岩 高 125 厘米

日本东京书道博物馆藏

发愿文：维大唐唐景云二年岁次辛亥十二月辛丑朔十五日乙卯邑义
一十六人等知身幻化命若浮□□火宅之赴三车离四□□而登彼岸所以
人人励□各各率心抽舍珍财敬造阿弥陀像一铺上为皇帝皇后下及法界
苍生俱免缠咸登正觉（邑子名略）

佛说法坐像（存疑）
初唐（7世纪）石灰岩 高 47.3 厘米
美国克里夫兰美术馆藏

佛说法坐像
盛唐 大理石 高 74 厘米
日本东京永青文库藏

佛坐像

初唐—盛唐 大理石 高 76 厘米
美国洛杉矶美术馆藏

佛头部

唐 大理石 高 55 厘米
日本松冈美术馆藏

佛坐像

唐 大理石 高 41.9 厘米
美国波士顿美术馆藏

按：据说原出西安。

佛说法坐像

唐 石灰岩 高 66 厘米
美国纳尔逊美术馆藏

佛立像

唐 石灰岩 高约 150 厘米
美国纳尔逊美术馆藏

佛立像

唐（8 世纪前半） 大理石 高 145 厘米
英国维多利亚·阿尔伯特博物馆藏

佛碑像（存疑）

唐如意元年（692）石灰岩

按：见喜龙仁《中国雕塑》（Osvald Siren Chinese Sculpture），
现存待查。

卢公意等造阿弥陀佛碑像

唐永隆二年（681）石灰岩 高 54.5 厘米
美国弗利尔美术馆藏

发愿文：碑正面：惟大唐永隆二年岁次辛巳二月辛丑朔八日 盖
闻如来政教润□哈灵济度群生皆超彼□然今佛弟子则卢公意弟□
良妹先玉等同发心为亡父见存母孙及法界众生一切有形同登正觉
卢□香南公则公意一心供养 香妻孙女先玉男□良供养
碑侧：公则妻□亡女贵嬢亡女宋□ 公意妻杨亡男□真见存男 □
亮小亮一心供养佛 □良妻□女姿须供养

李怀秀造佛碑像

唐永淳元年（682）石灰岩 高 73.6 厘米

日本大阪市立美术馆藏

发愿文：永淳元年岁次壬午八月辛酉朔廿六日□子佛弟子李

怀秀……为造石像一躯……父李士威前住任城县主簿毋向男

怀和合家一心供养

毋丘海造弥勒佛碑像

唐垂拱三年（687）石灰岩 高96.5厘米 宽61.3厘米
美国旧金山亚洲艺术馆藏

发愿文：垂拱三年十月卅日佛弟子毋丘海深愿家□平安敬造
弥勒像一铺上为天皇天后把握万邦先亡父母托生净土七代七
灵解脱抚苦合家大小及内外眷属一心供养 海深 亡妻孙 男守
贞 男元昭 男思阐 男凤仙 女大娘 女二娘 女三娘 女五娘 女
十一娘 女十二娘 贞妻张 男崇一 女十三娘 昭妻张 佛弟子毋
丘□道妻郑 佛弟子毋丘海深妻胡

护众寺比丘僧慈□造弥勒佛像

唐永淳二年（683）石灰岩 高 33 厘米
美国克里夫兰美术馆藏

发愿文：永淳二年二月八日护众寺比丘僧慈□（以上台座右侧）
造弥勒像并二菩萨合家供养（以上台座左侧）

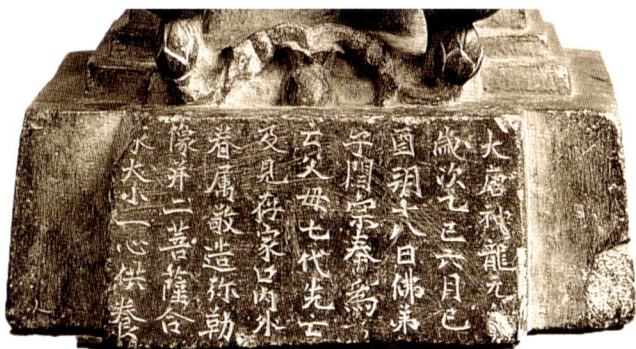

闫宗造弥勒佛坐像

唐神龙元年（705）石灰岩 高 82.5 厘米

美国芝加哥美术馆藏

发愿文：大唐神龙元年岁次乙巳六月己酉十八日佛弟子闫宗奉为亡父母七代先

亡见存家口内外眷属敬造弥勒像并二菩萨合家大小一心供养

侧面

杨文愕及妻造阿弥陀佛坐像

唐神龙元年（705）　石灰岩 高 76.6 厘米

日本永青文库藏

发愿文：大唐神龙元年十一月廿八日佛弟子将仕郎杨文愕及妻李
奉为见存母弟先亡父及弟愕亡女二娘三娘四娘及见存合家口大小
诸亲眷属敬造阿弥陁像一躯愕男思发进卓姪邃超思璋愕妹比丘尼
怋怩愕姪女比丘尼七娘八娘

佛倚坐像

唐（7世纪末8世纪初） 石灰岩 高79厘米
瑞士瑞特保格博物馆藏

佛倚坐像（存疑）

唐（7世纪后半） 石灰岩 高85厘米
美国弗利尔美术馆藏

按：此像造型过分板直，线条生硬，光背瘦削，真赝待考。

弥勒佛倚坐像

唐 石灰岩 高 49.5 厘米
美国旧金山亚洲艺术馆藏

发愿文：阿难迦叶 主弘母革敬造

倚坐佛像（存疑）

唐（8 世纪 20 年代左右）石灰岩 高 61 厘米
收藏单位待查

按：此像线条倨硬，真赝待考。

倚坐佛像

唐 石灰岩
美国火奴鲁鲁艺术学院藏

佛弟子秦氏造阿弥陀佛坐像

唐开元三年（715）石灰岩 高 45.7 厘米
现存待查

发愿文：……佛弟子秦弘智见存祖母邓□亡男神威
掩踪风烛敬造弥陀佛一二菩萨愿亡者乘……

佛坐像

初唐—盛唐（7世纪末—8世纪初）石灰岩　高 219.6 厘米

美国芝加哥美术馆藏

坐佛龛像

唐 石灰岩 高 33.4 厘米

日本私人收藏

按：此一组形制相同的佛龛像发现多方，分散于世界各地，据说是从唐开元寺旧址而来。足立喜六《长安史迹研究》香积寺条云，塔周围嵌十二个鞍形半裸石佛，十分精巧，附图即此像，则开元寺一说出处待考。

坐佛龛像

唐 石灰岩 高 38.1 厘米
美国弗利尔美术馆藏

坐佛龛像

唐 石灰岩 高 33.02 厘米
日本东京国立博物馆藏

坐佛龛像
唐 石灰岩 高 30.5 厘米
现存待查

坐佛龛像
唐 石灰岩 高 31.8 厘米
现存待查

佛说法龛像（存疑）

唐 石灰岩 高 30.8 厘米

日本大阪市立美术馆藏

胡僧礼佛图

唐代 石灰岩 高 35.8 长 64.5 厘米

日本京都藤井有邻馆藏

题记：胡僧西国来礼拜文殊菩萨化作老人 一佛二菩萨阿难加叶

双菩萨碑像

初唐 石灰岩 高 164 厘米
美国大都会博物馆藏

比丘尼释法空等造佛龛像

唐开元十二年（724）石灰岩 高66厘米
美国芝加哥美术馆藏

发愿文：造石浮图一所……开元十二年岁在甲子九月丁
巳朔十八日甲戌中旬翌日建 比丘尼释法空 □□妻霍女丘
娘合家供养（以上龛右侧）

南无药上菩萨 南无药王菩萨 菩萨主比丘尼释空惠供养
（以上龛背面）

龛内

第一件

局部

侧面

文殊、普贤龛像一组（二件）

唐天宝元年（742）石灰岩

每块边长约 50 厘米

美国洛杉矶美术馆藏

发愿文：开元年六月张允女七尚为亡□
见存及身敬造二菩萨并业道像供养（第
一件）

……天宝元年□月廿四日解慎□□亡外
男 翘女大儿尚敬造文殊普贤二菩萨并业
道像供养（第二件）

天宝元年五月廿三日（第三件）

第二件

局部

第三件

局部

李仁□造阿弥陀佛碑像

唐天宝九载（750） 石灰岩 73 厘米 ×49.5 厘米

美国普林斯顿大学博物馆藏

发愿文：维……天宝九载岁次庚寅九月景□戊朔……夫不生一咸是名曰法有相
非相其名曰佛……觉也三界之大师或隐迹双林时观三昧则使宝舟永泛金偈恒流
闻之者得离盖念之者俱得悟道邑义父子李仁□等一十二人处婆裟之浊世生辰夜
之昏□各兴清信之心共冀波罗之岸敬造石像一区今得成就亳光照耀遍满十方一
切有情咸登妙道其为赞曰赫弈真仪猗欤灵相湛如映日断诸罣想高度三宅咸离五
部子子孙孙虔心回向（发愿人名略）

佛碑像

唐至德三年（758）石灰岩 高 76 厘米

美国大都会美术馆藏

发愿文：至德三年岁次戊戌二月……

石造阿弥陀佛坐像

唐景福元年（892） 石灰岩 高 25 厘米
中国台湾历史博物馆藏

石龛门

唐（8 世纪前半） 石灰岩 高 69.2 厘米 宽 31.1 厘米
美国旧金山亚洲艺术馆藏

方形石塔龛（部分）

唐（8世纪前半）　石灰岩　高 69.2 厘米　美国纳尔逊美术馆藏

方形石塔佛龛（部分）

唐长安四年（704）石灰岩 高 140.2 厘米 美国波士顿美术馆藏

塔内佛像　　　　　　　　　　　　　　　　　　　　局部

方形石塔佛龛（部分）

拱形龛楣线刻佛像

唐 石灰岩 高 86.4 厘米 长 96.5 厘米

美国波士顿美术馆藏

局部

拱形龛门线刻天王
唐 石灰岩 高 152.4 厘米
美国大都会博物馆藏

千佛碑像
唐（9 世纪）高 93 厘米
瑞士瑞特保格博物馆藏

洒扫僧□等造观音立像

唐神龙二年（706） 石灰岩 高 244 厘米
美国宾夕法尼亚大学博物馆藏

发愿文：神龙二年十月廿三日洒扫僧□ 于家和顿进□圣容 与额
至十二月五日 敕依所请置寺仍度僧□洒扫王福延……登士郎
□齐丘文林郎杨丘柱国盖师□感妻吴大娘感男□奴感女花□安
宋□□……前仙掌县令渔妻千三娘女□女七娘男寺家奴
台座正面：菩萨主成敬示妻张赵□妻吴程庆母李女人□□云尹
思崇□文□大女严麻明俊□优吕女刘□慈女□神妃女郑净光常

但妻杨谷浑达妻常壬善妻尚刘神恵□夭女张训王俭妻杨女王客
见女人王妙定□王□女杨媛儿大女□杨云妻□大女张姿□虔□
（以上台座左侧）
□妹子清信女姚吴贞母王杨大娘王八娘……菩萨主□衡州□军
张大谦妻□法力（以上台座右侧）

供养菩萨像

唐（8世纪中叶）石灰岩 高 56 厘米
美国哈佛大学博物馆藏

菩萨立像

唐（8世纪前半叶）石灰岩加彩 高 101.7 厘米
美国弗利尔美术馆藏

菩萨残像

唐 石灰岩
美国弗利尔美术馆藏

观音头部

唐 大理石 高 18.7 厘米
德国科隆艺术馆藏

四面石幢残段

唐 石灰岩 高约 50 厘米 美国克里夫兰美术馆藏

按：此为石幢之一段，上刻十一面观音，较为少见，应是 8 世纪中叶以后之作。

十一面观音残像（存疑）

唐 石灰岩 高 129.5 厘米
美国克里夫兰美术馆藏

观音立像

唐 石灰岩
美国洛杉矶美术馆藏

菩萨立像

初唐垂拱三年（687）石灰岩
高 170.8 厘米
美国克里夫兰美术馆藏

思惟菩萨坐像

唐 (7 世纪末—8 世纪初)

石灰岩 高 157.5 厘米

美国芝加哥美术馆藏

半跏菩萨坐像

唐（7世纪末—8世纪初）

石灰岩 高 172.7 厘米

美国芝加哥美术馆藏

菩萨立像（赝品）

唐 石灰岩加彩 高94厘米
法国吉美博物馆藏

按：此形式菩萨像已发现数件，应出同一人之手。正面形式尚可，背面造型
臃肿，线刻软弱，与正面手法不同步。近年在台湾又发现一件相同之作，可
证均为赝品。

菩萨立像（真赝待考）

仿唐样式 石灰岩

美国弗利尔美术馆藏

按：此像似是唐代菩萨，亦有说辽代，但动态僵直，造型过分严谨，线条亦略显拘谨，疑是清末民国时的仿作。

菩萨立像（真赝待考）

仿唐代样式 石灰岩

美国宾夕法尼亚大学博物馆藏

按：此像动态呆板，线条较僵硬，一说属辽代作品，时代及真伪待考。

菩萨立像（真赝待考）

仿唐样式 石灰岩 高 137.2 厘米

美国宾夕法尼亚大学博物馆藏

按：造型类似唐风，然亦有不能释疑之处，真伪待考。

骑狮文殊（赝品）

20世纪初期仿唐伪作 石灰岩 高68厘米
美国宾夕法尼亚大学博物馆藏

按：此像的狮子体量太小，似不堪重负，文殊
菩萨也动态过分柔媚，应是民国初年的赝品。

骑狮文殊菩萨（存疑）

唐 砂岩 高55厘米
日本龙泉堂旧藏

菩萨坐像

唐（8世纪中叶）大理石 高77.5厘米

美国波士顿美术馆藏

按：原出西安一带。

弟子像

唐（9世纪）石灰岩
美国纳尔逊美术馆藏

地藏菩萨像

唐（9世纪）大理石 高 37 厘米
日本私人收藏

王建造佛立像碑

唐龙纪元年（889）大理石 高 37 厘米

美国弗利尔美术馆藏

发愿文：大唐龙纪元年岁次已酉八月朔日佛弟子王建上为七世父母
所生父母迦□□造石像二面四区上生天宫下生人间因缘眷属等成佛
弟子王□

背面

不动明王像

晚唐 石灰岩 高 46 厘米

美国菲尔德自然历史博物馆藏

按：原出西安市北，1910 年入藏现博物馆。

金刚力士

唐 砂岩
美国哈佛大学博物馆藏

金刚力士

晚唐 石灰岩加彩
美国宾夕法尼亚大学博物馆藏

四天王像（一组）

唐（8世纪后期）石灰岩 高 59 — 63 厘米
美国波士顿美术馆藏

四大王像（一组）

背面

背面及侧面

僧伽像（泗洲大圣）
晚唐五代（10世纪）石雕 高 88 厘米
美国大都会博物馆藏

侍女像

唐 石灰岩 高 120 厘米
美国波士顿美术馆藏

石狮

唐 黄花石 高 24.3 厘米
美国大都会博物馆藏

安阳修定寺砖雕狮子

唐 砖雕（依次）高 61.28 厘米、63.5 厘米

美国旧金山亚洲艺术馆藏

安阳修定寺砖雕人物

唐 砖雕（依次）高 64.77 厘米、54.61 厘米、61 厘米

美国旧金山亚洲艺术馆藏

按：此塔至今现存、砖雕一部分流失海外。

舍利石函

唐 大理石 高 22.86 厘米 宽 30.48 厘米

美国克里夫兰美术馆藏

按：石函盖已失，四面刻四天王，身着战甲，分别持宝塔、金刚杵、
三叉戟等法器，均为深目高鼻、须发卷曲的西域胡人形象，极为生动
夸张，可能是长安一带所作，反映了唐代中西交流的盛况。

石棺

唐 石灰岩 高 49.53 厘米 宽 69.85 厘米
美国波士顿美术馆藏

石棺

唐 石灰岩 高 33 厘米
瑞士瑞特保格博物馆藏

石棺

唐 石灰岩 高 53 厘米
日本京都藤井有邻馆藏

阿弥陀佛像

唐 石灰岩 高 104.8 厘米

原出西安宝庆寺 日本东京国立博物馆藏

按：宝庆寺石雕佛像，初为长安光宅坊光宅寺（唐仪凤二年，即 677
年创立）内武则天造"七宝台"楼阁内部的装饰浮雕，共三十余方。
后光宅寺荒废，石雕均移于长安城内太常寺故地书院街内的宝庆寺（花
塔寺）内。雍正元年（1723）宝庆寺重修，石雕一部分嵌入砖塔外壁龛内，
余者则散置后殿。20 世纪初散置部分皆流出国外，分藏于美国菲利尔
美术馆、波士顿美术馆，尤以东运日本为多，现东京国立博物馆陈列
十余方，又有个人收藏多方。见王昶《金石萃编》卷六五、大村西崖《支
那美术史雕塑篇》、松原三郎《中国佛教雕刻史研究》。颜娟英女士论
文《武则天与唐长安七宝台石刻佛像》（《艺术学》第一期）研究尤深。

佛说法坐像

唐 石灰岩 高 104.2 厘米

原出西安宝庆寺 日本私人收藏

倚坐佛像

唐 石灰岩 高 103.6 厘米
原出西安宝庆寺 日本文化厅藏

佛成道像

唐 石灰岩 高 104.5 厘米
原出西安宝庆寺 日本文化厅藏

佛成道像

唐 石灰岩 高 104.2 厘米

原出西安宝庆寺

日本东京国立博物馆藏

佛成道像

唐 石灰岩 高 104.5 厘米

原出西安宝庆寺 日本文化厅藏

韦均造阿弥陀佛坐像

唐长安三年（703） 石灰岩 高 104.2 厘米

原出西安宝庆寺 日本文化厅藏

发愿文：原夫六尘不染五蕴皆空拇导群迷爱登斯
觉法雄见世既开方便之门真谛乘时更显□缘之路
是以耆山广济火宅斯分给□弘誓樊笼自释既生之
德不可思议弟子通直郎行雍州富平县丞韦均比为
慈亲不豫敬发菩提之心今者所苦已□须表圣明之
力遘微琭琰近备雕镌谨造像一铺敢为铭曰大哉至
圣妙矣能仁济世无德归功有□潜开觉路暗引迷津
愿廻光于孝道永锡寿于慈亲长安三年岁次癸卯九
□己丑朔三日辛卯造

佛成道像

唐 石灰岩 高 104.2 厘米

原出西安宝庆寺

日本东京国立博物馆藏

萧元春造弥勒佛倚坐像

唐长安三年（703）石灰岩

高 108.2 厘米

原出西安宝庆寺

日本东京国立博物馆藏

发愿文：闻夫香风扫尘五百如来之出兴宝花雨
天六万仙生之供养岂若慈氏应现弥勒下生神力
之所感通法界之所安乐前扬州大都督府扬子县
令兰陵萧元春学菩萨行现宰官身留犊三江还凫
八水于是大弘佛事深种善根奉为七代先生爰及
四生庶类敬造弥勒像一铺并二菩萨粤以大周长
安三年九月十五日雕镌就毕巍巍高妙霞生七宝
之台荡荡光明出满千轮之库无边功德既开方石
之容无量庄严希□恒沙之果重宣此义而为颂云
巍巍梵仙光宅大千容开碧玉目净青莲歌陈相好
铭记因缘等雨法雨长滋福田

姚元之造弥勒倚坐像

唐长安三年（703）石灰岩

高 68 厘米 原出西安宝庆寺

美国旧金山亚洲艺术馆藏

发愿文：功彰昊天之恩施渥牛涔效浅每以乌鸟
勤侍思反哺而驰魂讬风凌□□衔书而走魄闻大
践宝田之界登寿域于三明扬慧炬之晖警迷途于
六暗爰凭□幅上洽□杀悬佛镜而朗尧曦流乳津
而沾血属下该妙有傍括太无并悟真诠咸升觉道
铭曰□踊珍塔天飞□仪丹槛日泛锦石莲披酌慧
难测资生不疲长褰欲网永庇神枝长安三年九月
十五日银青光禄大夫行凤阁侍郎兼检校相王府
长史姚元之造

高延贵造阿弥陀佛坐像

唐长安三年（703）石灰岩 高 107.3 厘米
原出西安宝庆寺 日本文化厅藏

发愿文：夫悠悠三界俱迷五净之因益益四生未
窥一乘之境蒙埃尘于梦幻隔视听于津梁朝露溘
尽前途何讬渤海高延贵卓尔生知超然先觉知灭
灭之常乐识空空之妙理眷慈朽宅思法桥敬造石
龛阿弥陁像一铺具相端严真容澄莹金莲菡萏／
如生功德之池宝树／扶疎即荫经行之尘所愿以
慈胜业乘此妙因凡报含灵具升彼岸长安三年七
月十五日敬造

李承嗣造阿弥陀佛坐像

唐 长安三年（703）石灰岩 高 104.2 厘米
原出西安宝庆寺 日本文化厅藏

发愿文：维大周长安三年九月十五日陇西李承
嗣为尊亲造阿弥陀像一铺雕镂庄严即日成就威
严相好璨然圆满所愿资益慈颜永超尘网铭曰有
善男子投心佑觉是仰是瞻爱雕爱斲金容宝相云
蔚霞皎一契三明长销五浊

佛倚坐像

唐 石灰岩 高 106.1 厘米

原出西安宝庆寺 日本文化厅藏

姚元景造弥勒坐像

唐长安七年（704）石灰岩 高 104.5 厘米

原出西安宝庆寺 日本东京国立博物馆藏

发愿文：长安四年九月十八日书

窃惟大雄利见弘济无边真谛克明神通自在是以三千世界禅河注而不竭
百亿须弥甘露洒而恒满归依妙理无乃可乎朝散大夫行司农寺丞姚元景
慈悲道长忍辱心遐悟未绂之憪来□绀池而利往发愿上下平安爰于光宅
寺法堂石柱造像一铺尔其篆刻彰施仪形圆满真容湛月出青石而披莲法
柱承天排绀霄而舞鹤云日开朗金光炳然风尘晦明玉色逾洁身不可垢道
必常明宴坐经行善弘多矣俾我潘舆尽敬将法轮而恒转姜被承欢曳天衣
而下拂昆丘燎火还披鹫岭之云宝劫成尘熏涤龙宫之水乃为铭曰法无□
兮神化昌流妙宇兮烁容光弥亿龄□庆未央

尚方监主簿姚元景造

杨思勖造阿弥陀佛像

唐 开元十二年（724） 石灰岩 高 106 厘米

原出西安宝庆寺 日本私人收藏

发愿文：杨将军新庄像铭 昭昭大觉巍巍圣功身融利
海愿洽虚空閟众趣以窒畅阐玄刀以包蒙物成缘而必
应理无幽而不通有美至人股肱良臣受圣寄任闻难
经纶英谋贯古韬略通神一蒙金钺屡建华勋善代不
伐功成不居功曰天子善托真如乃贵灵相用答冥府佛
心难空佛福常在愿普此因同臻性海开元十二年十月
八日

内侍冯凤翼等造佛坐像

唐 石灰岩 高 104.5 厘米

原出西安宝庆寺 日本文化厅藏

发愿文：朝请大夫内常侍上柱国冯凤翼朝散大夫行
内谒者监上柱国莫顺之□事郎守内寺伯借绯鱼袋王
忠谨朝散大夫行内谒者监上柱国杜元璋朝请大夫行
太子典内上柱国魏思泰正议大夫行内常事上柱国辅
阿四／中大夫行内侍上柱国曹思勖／朝散大夫内
给事上柱国赵待宾正议大夫行内给事上柱国杨元方
正议大夫守内给事上柱国王思嶷朝请大夫守内给事
上柱国焦怀庆

佛成道像

唐 石灰岩 高 108.2 厘米

原出西安宝庆寺 日本东京国立博物馆藏

杨思勖等造弥勒坐像

唐开元十二年（724） 石灰岩 高 105.7 厘米
原出西安宝庆寺 日本九州国立博物馆藏

发愿文：虢国公杨花台铭并序 原夫真性即空从色声而有相道源无体因法教以
□流所以人天捨千万之资神鬼建由旬之塔金衣绀发尽留多宝之台银合青莲并
入真珠之藏湛然释氏一千余年辅国大将军虢国公杨等皆天子贵臣忠义尽节布
衣脱粟将军有承之风牛车鹿裘骠骑减中人之产爰抽净俸申庄严之事也华蓋覆
像尽垂交露之珠玉砌莲龛更饰雄黄之宝风筝遗韵飞妙响于天宫花雨依微洒清
香于世界犹恐蓬莱□变石折不周仍镌长者之经必勒轮王之偈书工纪事乃为铭
□判官亳州临涣县尉申屠液撰

十一面观音立像

唐 石灰岩 高 110 厘米

原出西安宝庆寺 日本私人收藏

十一面观音立像

唐 石灰岩 高 108.8 厘米

原出西安宝庆寺 美国弗利尔美术馆藏

德感造十一面观音立像

唐长安三年（703） 石灰岩 高 85.1 厘米

原出西安宝庆寺

日本文化厅藏

发愿文：检校造七宝台清禅寺主昌平县开□公翻经
僧德感奉为□敬造十一面观音像一区伏愿皇基永固
圣寿遐长长安三□九月十五□

十一面观音立像
唐 石灰岩 高 116 厘米
原出西安宝庆寺 日本文化厅藏

十一面观音立像
唐 石灰岩 高 77.8 厘米
原出西安宝庆寺 美国弗利尔美术馆藏

十一面观音立像

唐 石灰岩 高 114.3 厘米
原出西安宝庆寺 美国波士顿美术馆藏

十一面观音立像

唐 石灰岩 高 77.8 厘米

原出西安宝庆寺 日本东京国立博物馆藏

道教像

北周 黄花石 高 12.2 厘米

日本私人收藏

姚妙姿造元始天尊像

唐长安三年（703） 砂岩 高 32.8 厘米

美国弗利尔美术馆藏

发愿文：大周长□闰四月十六日清信弟子姚妙姿勒心□行
母念天尊发愿□慈为亡男□□妻为并亡孙女□□妹贝朱
敬造元始天尊一铺今□成就□□生西方无量寿□见存者早
□□□同登正觉

侧面

道教坐像

隋开皇八年（588）石灰岩 高 22.3 厘米
日本大阪市立美术馆藏

发愿文：开皇八年十月四□□弟子□□□为七世父母
所生父母□眷□□及一切众生敬造□□□一区

王双姿造老君坐像

隋开皇三年（583）黄花石 高 30.3 厘米
美国弗利尔美术馆藏

发愿文：开皇三年岁次癸卯五月戊戌朔十五日壬子清信女王双
姿仰为亡夫敬造老君像一区（以上正面）藉斯□善愿法界众生
渡十二缘河同□四流齐升□□（以上右侧）息女华男 息男士恭
亡夫吴明□ 兄童吴□□（以上左侧）

道民苏遵造老君像

隋开皇七年（587）石灰岩 高25厘米

美国波士顿美术馆藏

发愿文：大隋开皇七年六月甲辰朔廿九日壬申道民苏遵敬造老君
一区上为七世（以上台座正面）父母所生父母依缘眷属一时成道
（以上台座右侧）

道教石像

隋开皇九年（589）石灰岩 高31厘米

美国波士顿美术馆藏

发愿文：台座正面：大隋开皇九年岁次己酉四月十五日
道民□宗□为亡父母敬造石像一区愿七世父母所生父母
见存眷属一切众生常与善会□□□□□

道民李若武造天尊像

唐武德六年（623）石灰岩

美国波士顿美术馆藏

发愿文：武德六年四月八日道民李李若武 仰
为曾父母祖父……亡父浩……敬造天尊一
躯。愿亡父上……宫，见存生者，俱登成
道……陈？女一心供养，若武母袁巧仙一心
供养，妹武娟。

田客奴造道教像

唐麟德二年（665）石灰岩 高约 28.1 厘米
美国波士顿美术馆藏

发愿文：麟德二年正月三日道民田客奴为亡母敬造石像一塔及合家大
小愿得平安
像右侧：上为皇帝陛下，下及一切众生俱登政角。坐像人姚营

杜世敬等造道教三尊像

北周天和三年（568）石灰岩 高34.8厘米

日本东京艺术大学藏

发愿文：面别将杜世敬丰王镇徐州东金紫光禄安父抚将军母奎西李要
贵供养（以上台座正面）道民杜崇□亡父为国落难尸灵不睹亡母归首
空旷良师占卜宣为父造老君一区愿使亡父母魂爽相逮安居泉宅永待大
道仰荷大道无极之恩□天和三年三月丙申□（以上台座背面）四日庚
子造讫（以上台座左侧）

天尊碑像

唐开元十九年（731）石灰岩 高45厘米

日本京都大学文学部藏

发愿文：

（基坛正面）

□界特尊具大道□夷不□□济群生□蔡府君讳□□城人也叔人召子
具仪不成雅范长达清规□春秋七十有五以开元十九年□廿七日终于
本第男知□念天眘思深痛伤□胆归心景福敬造石天尊像一铺凭兹圣
力济被先灵唯愿高□紫□登金阙见存家□永保休宜

（右侧面）

□义明观道士蔡知贵

□存母李一心供养

□知什妻杨一心供养

（左侧面）

师叔义仙观道士蔡元贞

像主蔡知什

父讳元庆一心供养

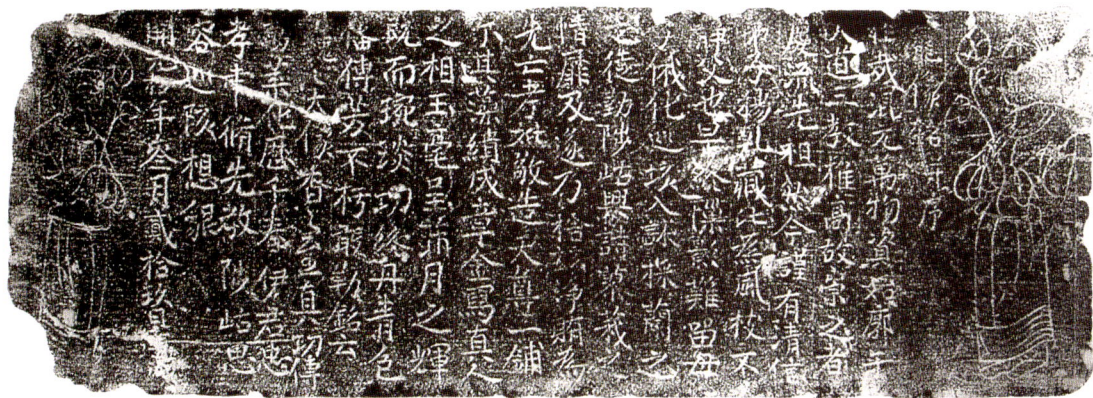

天尊像

唐开元□年 石灰岩 高 43 厘米 中国台湾礼瀛艺术品公司收藏

发愿文……遂乃舍净财为先亡考妣敬造天尊一铺……

开元□年三月二十九日

道教像

唐天宝十三载（754） 砂岩 高 34 厘米
美国波士顿美术馆藏

发愿文：天宝、甲午……亡考一心供养、亡妣一心供养

侧面

道教像

唐 石灰岩 高 24.5 厘米
英国私人收藏

道教像
唐 黄花石 高约 30 厘米
美国波士顿美术馆藏

侧面

赵氏造道教像

唐景龙三年（709）石灰岩 高38厘米
美国芝加哥菲尔德自然历史博物馆藏

发愿文：夫陶甄万物者至道□脱群生者天尊仅有三洞道士罗仙道□灵山岳摧质中和
早果希□少□仙侣岂谓功成厌俗俄化上仙慈母赵氏为师敬造石像一铺唯愿魂路讬识
浮□见存亲缘同1寿域景龙三年二月□造

石幢残段

五代（10世纪）石灰岩

美国克里夫兰美术馆藏

按：此为六角形石幢之一段，每面高浮雕佛、菩萨像，
衣饰流畅，立体感强。原出不详，应为华北一带所雕。

佛坐像

五代（10世纪）大理石 高 213 厘米
挪威奥斯陆实用艺术博物馆藏

倚坐佛像

五代（10世纪）大理石 高 106.7 厘米
现存待查

佛坐像

金（12世纪）大理石 高 76 厘米
日本松冈美术馆藏

侧面

局部

法界人中佛像

辽·金 大理石 高 104.1 厘米 宽 45.7 厘米

美国旧金山亚洲艺术馆藏

佛立像

金（12 世纪） 大理石
高 100.3 厘米 宽 35.6 厘米
美国旧金山亚洲艺术馆藏

观音菩萨立像

金（12 世纪） 大理石
高 116.8 厘米 宽 25.3 厘米
美国旧金山亚洲艺术馆藏

半跏文殊菩萨像

金（12世纪）石灰岩 高89厘米
英国大英博物馆藏

侧面

观音龛像

宋（10世纪）砂岩
原出四川省
美国大都会博物馆藏

佛坐像龛

辽（11世纪）砂岩加彩
高 26.7 厘米 宽 21.6 厘米
美国旧金山亚洲艺术馆藏

观音菩萨立像

五代·宋（10世纪） 大理石 高 177.8 厘米

美国克里夫兰美术馆藏

按：此菩萨像上半身斜着袒右肩式内衣，两道帔帛呈 U 形平行垂于腹前
及膝部，此形制应是五代菩萨之装束，是河北地区流行的样式。

菩萨残像

金（12世纪） 石雕
美国大都会博物馆藏

菩萨立像

金（12世纪）大理石 高 182.9 厘米 宽 58.4 厘米
美国旧金山亚洲艺术馆藏

菩萨立像

金　大理石　高 96.5 厘米
美国宾夕法尼亚大学博物馆藏

菩萨立像

金　大理石　高 96.5 厘米

见喜龙仁《中国雕塑》（Osvald Siren Chinese Sculpture），
现存待查

骑象普贤像
五代（10世纪）大理石
高213厘米
挪威奥斯陆实用艺术博物馆藏

菩萨坐像
辽·金 石灰岩 高 106.7 厘米
美国旧金山亚洲艺术馆藏

观音坐像
金 石灰岩 高 111.8 厘米
现存待查

李吉造骑象普贤像

宋皇祐四年（1052） 大理石加彩 高 97 厘米
法国吉美博物馆藏
发愿文：皇佑(祐)四年 李吉家传（以上台座左侧，
李吉家供养（以上光背背面）

水月观音

金 砂岩 高 44.5 厘米
美国耶鲁大学美术馆藏

王石氏造罗汉坐像

金正隆三年（1158） 大理石 高 91.4 厘米

美国波士顿美术馆藏

发愿文：□村王石氏 造罗汉壹尊供养正隆三年九月日

山阳村维那刘政等造观音像

北宋元祐六年（1091）大理石 高 74.1 厘米

美国弗利尔美术馆藏

发愿文：（台座背面）菩萨以般若为宗慈悲……

大宋元祐六年岁次辛未月琳仲秋朔唯戊子日建 山

阳村维那刘政 □贵 慕容青龙泉布衣王道撰并书

中山扬世景镌慕容全田伸

迦叶头像

元—明 石雕
荷兰国立民族学博物馆藏

伎乐天人

金—元（13世纪） 大理石 高33厘米
美国芝加哥美术馆藏

四方善人造罗汉像

金大定二十年（1180）

大理石加彩高 110.81 厘米

美国旧金山亚洲艺术馆藏

发愿文：大定二十季岁次庚子秋月四方

善人敬造罗汉像一□

罗汉头像
宋（13世纪）石灰岩
英国维多利亚·阿尔伯特博物馆藏

罗汉坐像
金—元（13世纪）大理石 高 74.9 厘米
见喜龙仁《中国雕塑》（Osvald Siren Chinese Sculpture），现存待查

文殊骑狮像

辽 大理石 高约 40 厘米
美国大都会博物馆藏

伎乐天人

辽 石灰岩 高 39.4 厘米
现存待查

浮雕立狮

辽 砂岩 高约 40 厘米
美国大都会博物馆藏

浮雕伎乐天人

辽 砂岩 高约 40 厘米
美国大都会博物馆藏

殷福造佛坐像

明 辛卯年（万历十九年，1591）石灰岩加彩 高 45.72 厘米

美国旧金山亚洲艺术馆藏

发愿文：南赡部洲 大□□□□奉 佛弟子信官殷福法名自任善 切念功居

人世四恩难被谨发诚心采造佛像三尊求为般若禅师 与供养普报四恩三有

专益和保身躬清泰寿命延长 佛日增辉法轮常转岁次 辛卯丙申吉月日

石窟佛造像

佛头部

北魏 砂岩 高 39 厘米

日本私人收藏

按：原出云冈石窟第 2 窟。

佛头部

北魏 砂岩 高 41 厘米
美国哈佛大学博物馆藏
按：原出云冈石窟。

佛坐像

北魏 砂岩 高 54 厘米
日本龙泉堂旧藏
按：传原出云冈石窟。

佛立像

北魏 砂岩 高 132 厘米

法国吉美博物馆藏

按：原出云冈石窟。

佛头（存疑）

北魏 砂岩 高 38.1 厘米

美国纳尔逊美术馆藏

按：据说原出云冈石窟。真伪待考。

佛禅定坐像（存疑）

北魏 石灰岩 高 110.5 厘米

法国吉美博物馆藏

按：真伪存疑。

佛坐像（存疑）

北魏 砂岩 高 72 厘米

日本出光美术馆藏

交脚菩萨像

北魏 砂岩 高 146 厘米
美国大都会博物馆藏

按：原出云冈石窟第 27 窟。

交脚菩萨像

北魏 砂岩 高 129.5 厘米
美国大都会博物馆藏

按：原出云冈石窟第 16 窟。

佛头部

北魏 砂岩 高 39.6 厘米

按：原出龙门石窟高树龛，后流入海外，已归还龙门石窟。

佛头部（存疑）

北魏 砂岩 高 39.6 厘米

日本私人收藏

按：原似出云冈石窟，但表情柔媚，真赝待考。

菩萨头部

北魏 石灰岩 高 89.2 厘米

日本私人收藏

按：原出龙门石窟莲花洞。

菩萨头部

北魏 石灰岩 高 92 厘米

日本大阪市立美术馆藏

按：原出龙门石窟宾阳中洞。

交脚菩萨像

北魏 砂岩 高 128.7 厘米
法国吉美博物馆藏

按：原出云冈石窟第 16 窟。

半跏思惟 菩萨像（赝品）

民国时期赝品 石灰岩 高约 150 厘米
美国大都会博物馆藏

按：佛思惟像少见，动态柔媚，石质与云冈不符。为使读者
注意，赝品亦酌收录之。

交脚菩萨像（赝品）

北魏样式伪作 砂岩 美国洛杉矶美术馆藏

按：此像为近百年伪作，为使学人注意附于此。

比丘法□造交脚弥勒石像（赝品）

北魏永平二年（509）石灰岩 高 66 厘米

法国吉美博物馆藏

发愿文：永平二年岁次己丑四月廿五日比丘□法□法隆等……

敬造弥勒像一躯……

按：此像造型稚拙，刻工无力，是民国初年的赝品。

交脚菩萨像（赝品）

仿北魏式赝品 石灰岩 高 150 厘米

美国大都会博物馆藏

按：此像为民国初年的赝品。

交脚菩萨像（赝品）

仿北魏样式伪作 砂岩 高 54 厘米

瑞士瑞特保格博物馆藏

按：此像为民国初年赝品。

交脚思惟菩萨像（赝品）

仿北魏样式伪作 砂岩 高 49.5 厘米

美国旧金山亚洲艺术馆藏

按：此类民国初年仿制品，笔者已有论文论及。

交脚菩萨像（赝品）

仿北魏样式的伪作 砂岩 高 57.8 厘米

美国旧金山亚洲艺术馆藏

按：此类交脚菩萨伪像，笔者已有论文论及（见金申《佛教美术丛考》，科学出版社，2004 年）。

交脚菩萨像（赝品）

北魏 砂岩 高约 150 厘米

美国波士顿美术馆藏

按：此像为民国时期的赝品。

供养菩萨像（赝品）

北魏 砂岩 高约 100 厘米

美国哈佛大学博物馆藏

按：此二像是近百年之伪作。

菩萨头部

北魏　砂岩　高 35.5 厘米

美国大都会博物馆藏

按：据说原出山西云冈石窟。

菩萨残像

北魏　石灰岩

日本私人收藏

按：原出巩县石窟。

佛禅定像（存疑）

北魏 石灰岩 高 92.3 厘米

见喜龙仁《中国雕塑》（Osvald Siren Chinese Sculpture），
现存待查

佛头部（存疑）

东魏—北齐 砂岩
美国火奴鲁鲁艺术学院藏

按：原出不明。此像五官及表情甚美，真伪存疑

帝后礼佛图浮雕

北魏 石灰岩 高 208.3 厘米 长 393.7 厘米

美国纳尔逊美术馆藏

按：原出龙门石窟宾阳中洞。此浮雕在 1930—1935
年两次被盗，现存美国纳尔逊美术馆。

浮雕供养人像

北魏永平四年（511） 石灰岩 高 22 厘米 长 46.7 厘米

日本大阪市立美术馆藏

按：原出龙门石窟古阳洞。

发愿文：（弟子多）宝法嵩王法坚王法训正比丘法智师是永平四年岁次（辛卯）十

月十六日假节□□诸军事征……

北魏 砂岩 美国洛杉矶美术馆藏

菩萨立像（存疑）

北魏　砂岩　美国洛杉矶美术馆藏

按：此像似是北魏样式，出处及真赝待考。

佛、菩萨残首三件（赝品）

北魏样式之赝品 石灰岩

美国哈佛大学博物馆藏

按：此数件为民国初期赝品，造型甜俗，尤需细论。

菩萨头部（赝品）

仿北魏样式赝品　石灰岩

美国大都会博物馆藏

按：此像表情甜俗，双眼浮肿，是民国赝品。

菩萨头部 （赝品）

北魏　石灰岩　高 35.5 厘米

日本私人收藏

菩萨立像二件（存疑）
北魏 石灰岩 高 36 厘米
见喜龙仁《中国雕塑》
（Osvald Siren Chinese
Sculpture），现存待查。

菩萨立像（存疑）
北魏 砂岩 高 103.4 厘米
美国弗利尔美术馆藏
按：造型过分规整拘谨，真赝待考。

缘觉菩萨头像
北齐 砂岩 高 27.9 厘米
美国辛辛那提美术馆藏

佛坐像
北齐 石灰岩 高 122 厘米
英国维多利亚·阿尔伯特博物馆藏

按：疑原为河北响堂山石窟之物。

佛说法浮雕

北齐 石灰岩 高 120.8 厘米 长 338.6 厘米

美国邦利尔尔美术馆藏

按：原为河北南响堂山第 2 窟上方浮雕。

佛说法浮雕

北齐 石灰岩 高 158.9 厘米 长 334.5 厘米

美国弗利尔美术馆藏

按：原出河北南响堂山石窟第 2 窟。

菩萨立像

北齐 石灰岩 高 182.9 厘米

美国弗利尔美术馆藏

按：可能原出河北南响堂山石窟。

菩萨立像

北齐 石灰岩 高 167.6 厘米

美国宾夕法尼亚大学博物馆藏

按：可能原出河北南响堂山石窟。

佛头部

北齐 石灰岩
美国大都会博物馆藏

按：原似出河北响堂山石窟。

佛头部

北齐 石灰岩 高 50.8 厘米
美国宾夕法尼亚大学博物馆藏

佛头部（存疑）

北齐 石雕 高 62.2 厘米
美国克里夫兰美术馆藏

菩萨立像

北齐 石灰岩 高 193 厘米

美国宾夕法尼亚大学博物馆藏

按：可能原出河北南响堂山石窟。

菩萨头部

北齐 石灰岩 高 38.1 厘米

美国大都会博物馆藏

按：原出河北南响堂山石窟。

菩萨头部

北齐 石灰岩 高 34.5 厘米
日本私人收藏

按：原出河北南响堂山石窟。

菩萨头部

北齐 石灰岩 高 81.3 厘米
美国大都会博物馆藏

按：原出河北响堂山石窟。

佛头部

北齐 大理石
美国哈佛大学博物馆藏

佛头部

北齐 砂岩 高 35.6 厘米
日本大阪市立美术馆藏

按：原出天龙山石窟第 8 窟。

佛头部

北齐 砂岩 高 39.8 厘米

日本私人收藏

按：原出天龙山石窟。

佛头部

北齐 砂岩

美国纳尔逊美术馆藏

按：似出天龙山石窟。

佛头部

北齐 石灰岩
美国大都会博物馆藏

菩萨头部

北魏 石灰岩 高 49.2 厘米
美国纳尔逊美术馆藏

菩萨头部

北齐　砂岩　高 41.3 厘米

日本根津美术馆藏

按：原出天龙山石窟。

菩萨头部

北齐　砂岩

瑞典远东博物馆藏

弟子像

北齐　石灰岩　高 114.5 厘米

美国克里夫兰美术馆藏

按：弟子蹙眉双手捧舍利盒，原出
地不详，疑出河北响堂山石窟。

菩萨残像
北齐 大理石
美国费城美术馆藏

金刚力士
北齐 大理石
美国费城美术馆藏

按：原出河北曲阳 。

金刚力士

隋 砂岩 高（左）189 厘米 （右）197 厘米

日本京都藤井有邻馆藏

按：原出天龙山石窟第 8 窟前廊洞口两侧，此窟前廊东壁有隋开
皇四年（584）开窟功德碑，故从二力士风格亦接近隋代判断，
此应是隋代所雕。

大迦叶头部

北魏 石灰岩 高 59.5 厘米

法国吉美博物馆藏

按：原出龙门石窟莲花洞。

金刚力士残像

北齐 石灰岩 高 55.2 厘米

美国纳尔逊美术馆藏

按：可能出自河北响堂山石窟。

文殊菩萨像

东魏 砂岩 高 73 厘米

美国哈佛大学博物馆藏

按：原出天龙山石窟。

供养人像浮雕

东魏—北齐 砂岩 高 37.4 厘米

美国哈佛大学博物馆藏

按：原出天龙山石窟第 3 窟。

佛立像

东魏—北齐 砂岩

美国纳尔逊美术馆藏

按：与天龙山石窟浮雕风格接近。

弟子像浮雕

东魏—北齐 砂岩

美国哈佛大学博物馆藏

按：原出天龙山石窟。

供养人像浮雕

东魏—北齐 砂岩

美国哈佛大学博物馆藏

按：原出天龙山石窟。

供养人浮雕

东魏—北齐 砂岩

美国哈佛大学博物馆藏

按：原出天龙山石窟。

弟子像浮雕

东魏—北齐 砂岩 高 93 厘米

美国哈佛大学博物馆藏

按：原出天龙山石窟。

浮雕弟子像

东魏—北齐 砂岩

美国哈佛大学博物馆藏

按：原出天龙山石窟。

金刚力士像一组

北齐 砂岩 高 134 厘米（左）高 132 厘米（右）

中国台湾礼瀛艺术品公司收藏

按：传为天龙山石窟所出。

飞天

美国洛杉矶美术馆藏

飞天

北魏 石灰岩 高 44 厘米

日本大阪市立美术馆藏

按：可能原出巩县石窟。

飞天

北魏 砂岩 高 24 厘米

日本私人收藏

按：原出云冈石窟龛楣部分。

飞天浮雕（存疑）

东魏—北齐 砂岩

美国纳尔逊美术馆藏

按：可能原出天龙山石窟。

飞天浮雕（存疑）

东魏—北齐 砂岩

美国哈佛大学博物馆藏

按：可能原出天龙山石窟。

飞天浮雕（存疑）

东魏—北齐 砂岩

美国哈佛大学博物馆藏

按：可能原出天龙山石窟。

蹲狮

北齐 石灰岩 高 97.7 厘米
美国宾夕法尼亚大学博物馆藏

按：可能出自响堂山石窟。

正面

侏儒力士

北齐 石灰岩 高 39.5 厘米
日本私人收藏

按：原出响堂山石窟。

怪兽

北齐 石灰岩
美国克里夫兰美术馆藏

按：此形制的怪兽原出河北响堂山石窟，与现存美国斯坦福大学博物馆的怪兽在形制和尺寸上极为接近，当年应置于同一窟内的基座部分。

怪兽

北齐 石灰岩 高 63.5 厘米

美国哈佛大学博物馆藏

按：原出河北响堂山石窟。

怪兽

北齐 石灰岩 高 80.5 厘米

美国弗利尔美术馆藏

按：原出河北北响堂山石窟。

怪兽

北齐 石灰岩 高 86.4 厘米

美国纳尔逊美术馆藏

按：原出响堂山石窟。

石狮

北齐 石灰岩 高 141 厘米

美国纳尔逊美术馆藏

佛头部
唐 石灰岩 高 66 厘米 宽 43.2 厘米
美国旧金山亚洲艺术馆藏

佛头部（存疑）
唐 石灰岩 高 24.5 厘米
美国波士顿美术馆藏
按：出处待查。

菩萨头部

唐 石灰岩 高41厘米

日本私人收藏

按：原出龙门石窟。

佛头部

唐 石灰岩 高 44.3 厘米
日本大阪市立美术馆藏
按：原出龙门石窟奉先寺。

佛头部

唐 石灰岩 高 58 厘米
日本私人收藏
按：原出龙门石窟敬善寺洞。

佛头部

唐 石灰岩 高 53.3 厘米
美国纳尔逊美术馆藏

菩萨头部

唐 石灰岩 高 37 厘米

按：原出龙门石窟火顶洞胁侍菩萨，流出国外。现已回归龙门石窟。

佛坐像

唐 砂岩 高 109.5 厘米

美国哈佛大学博物馆藏

按：原出天龙山石窟第 21 窟北壁。

佛头部

唐 砂岩 高 31.3 厘米
日本香雪美术馆藏

按：原出天龙山石窟。

菩萨头部

唐 砂岩 高 29.9 厘米
日本私人收藏

按：原出天龙山石窟。

菩萨头部（存疑）

唐 砂岩 高 35 厘米
日本根津美术馆藏

按：原出天龙山石窟。

菩萨半跏坐像

唐 砂岩加彩 高 139.4 厘米

日本东京国立博物馆藏

按：原出天龙山石窟第 14 窟西壁。

菩萨半跏坐像

唐 砂岩 高 101 厘米
瑞士瑞特保格博物馆藏

按：原大龙山石窟第 17 窟北壁。

菩萨立像

唐 砂岩 高 101.6 厘米
美国旧金山亚洲艺术馆藏

按：原出天龙山石窟第 21 窟东壁。

菩萨立像

唐 砂岩 高 135.9 厘米
美国波士顿美术馆藏

按：原出天龙山第 21 窟东壁。

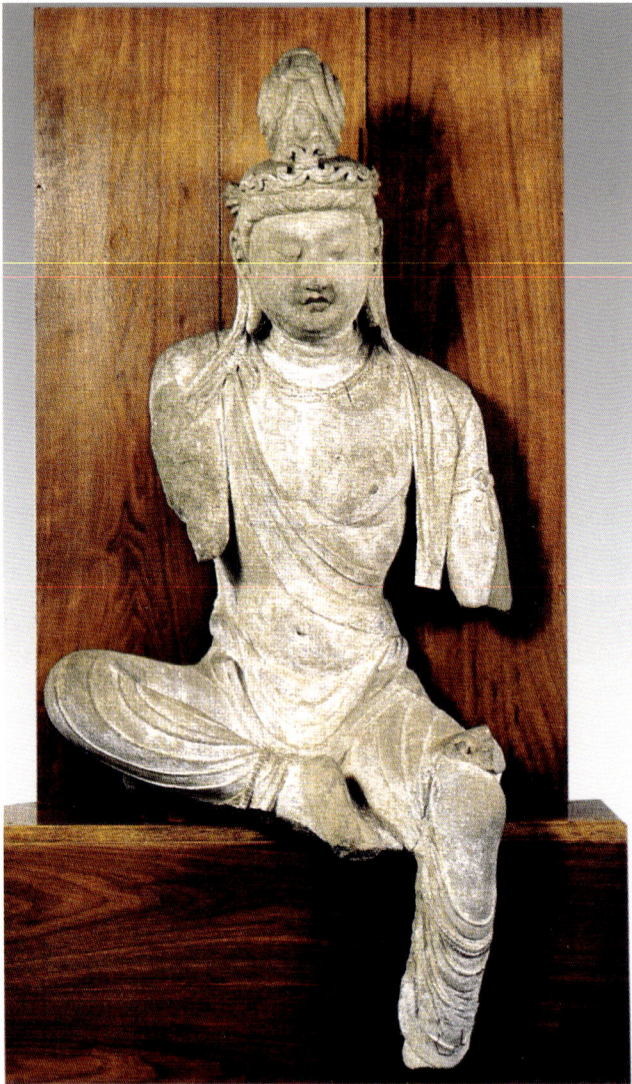

菩萨半跏坐像

唐 砂岩 高 139.7 厘米

日本出光美术馆藏

按：原出天龙山石窟第 21 窟北壁。

观音残像

唐 砂岩 高 98 厘米

瑞士瑞特保格博物馆藏

按：原出天龙山第 14 窟。

半跏菩萨像

唐 砂岩 高 139.7 厘米
美国纳尔逊美术馆藏

按：原出天龙山第 17 窟。

菩萨立像

唐 砂岩 高66厘米
美国纳尔逊美术馆藏

按：原出天龙山石窟第4窟。

菩萨立像

唐 砂岩 高95厘米
荷兰阿姆斯特丹东亚艺术馆藏

按：原出天龙山石窟。

菩萨立像

唐 砂岩 高 66 厘米

美国纳尔逊美术馆藏

按：原出天龙山石窟第 4 窟。

佛坐像

唐 砂岩 高 51 厘米

美国纳尔逊美术馆藏

按：原出天龙山石窟。

文殊骑狮像

唐 砂岩 高 50 厘米

日本大阪市立美术馆藏

按：原出天龙山石窟第 20 窟。

菩萨头部

唐 砂岩 高 40 厘米

美国大都会博物馆藏

按：原出天龙山石窟。

菩萨残像

唐 砂岩 高 34.2 厘米
美国克里夫兰美术馆藏

按：原出天龙山石窟。

佛坐像

唐 砂岩 高 53.5 厘米
瑞士瑞特保格博物馆藏

按：原出天龙山石窟。

菩萨立像

唐 砂岩加彩 高 70.5 厘米
美国旧金山亚洲艺术馆藏

按：原出天龙山石窟。

菩萨立像

唐 砂岩 高 53 厘米
中国台湾礼瀛艺术品公司收藏

按：据传原出天龙山石窟。

金刚力士头部

唐 砂岩 高 42.4 厘米

日本私人收藏

按：原出龙门石窟 。

金刚力士头部

唐 石灰岩 高 38.6 厘米

美国弗利尔美术馆藏

按：原出龙门石窟

金刚力士像

唐 砂岩 高 130.8 厘米

美国纳尔逊美术馆藏

按：原出天龙山石窟第 17 窟，头部为后配。

迦叶头部

唐 石灰岩

美国大都会博物馆藏

按：据传原出龙门石窟。

金刚力士一对

唐 石灰岩 高 109 厘米

瑞士瑞特保格博物馆藏

按：疑原出龙门石窟。

金刚力士（存疑）

唐 石灰岩 高 53.3 厘米

美国宾夕法尼亚大学博物馆藏

按：此力士造型笨重，线刻无力，真伪待考。

狮子
唐 石雕 高 22.1 厘米 日本出光美术馆藏

狮子
唐 砂岩 美国波士顿美术馆藏

狮子
唐 白色大理石加彩 高 30 厘米 美国纳尔逊美术馆藏

狮 子
唐 石灰岩 高约 100 厘米
美国宾夕法尼亚大学博物馆藏

金属佛造像

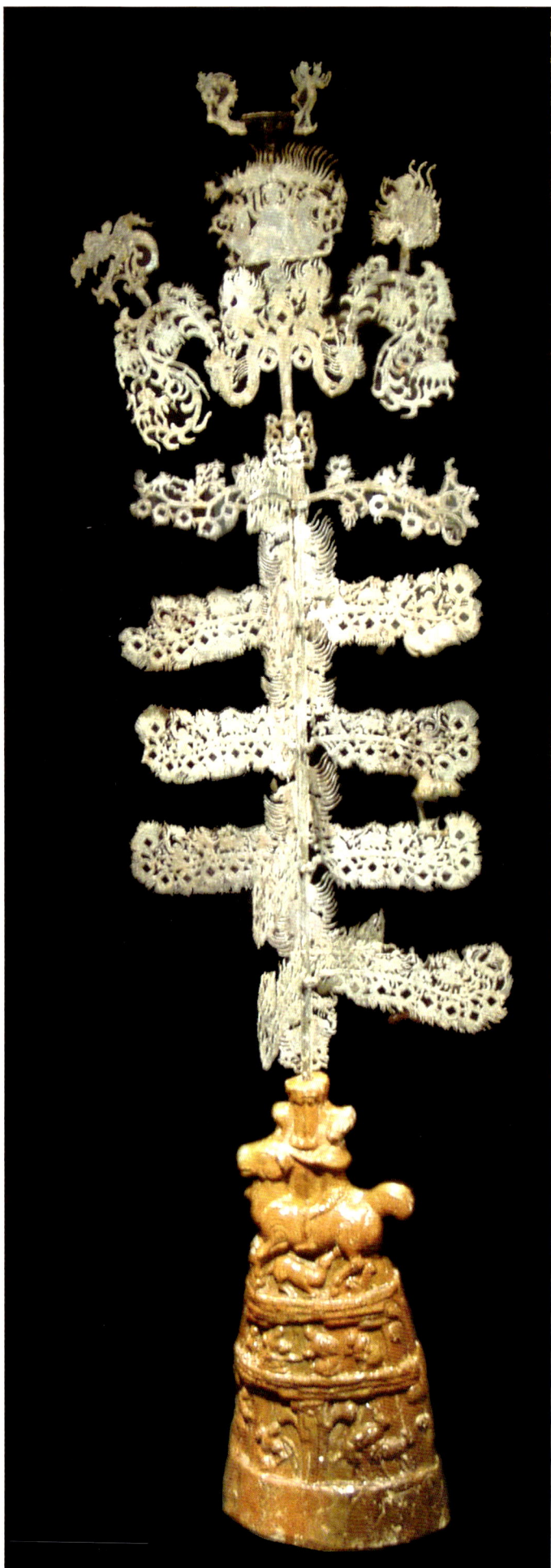

摇钱树

东汉（3世纪初）青铜 高约 100 厘米
美国旧金山亚洲艺术馆藏

按：摇钱树的上端有早期佛像，甚为珍贵。

燃肩佛坐像

十六国（300－400年前后）铜鎏金　高32.9厘米

美国哈佛大学美术馆藏

按：此像深受西北印度燃肩佛样式影响，制作地点可能在
今新疆一带，是早期佛教造像的重要标准器。

菩萨立像

十六国（3 世纪末）铜鎏金 高 33.3 厘米

日本京都藤井有邻馆藏

按：此菩萨像有人认为是弥勒或观音，带有浓厚的西北印度（犍陀罗一带）因素。其出土地及早期流传情况不明，据传出土于陕西省三原县，曾被纽约的日本山中商会售出。大村西崖《支那美术史雕塑篇》、喜龙仁《中国雕塑》（Osvald Siren Chinese Sculpture）有收录。

佛立像

十六国—北魏 铜鎏金 高 15.5 厘米

日本京都国立博物馆藏

发愿文：造像九躯。

比丘竺某造禅定佛坐像

十六国后赵建武四年（338）铜鎏金 高39.7厘米

美国旧金山亚洲艺术馆藏

发愿文：建武四年岁在戊戌八月卅囗比丘竺囗囗囗慕道

……及……生

比丘竺某造禅定佛坐像（侧面及局部）

中书舍人施文造铜佛坐像

大夏胜光二年（429）铜鎏金 高 19 厘米

日本大阪市立美术馆藏

发愿文：胜光二年己巳春正月朔日中书舍人
施文为合家平安造像一区

禅定佛坐像

十六国（400 年初）铜鎏金 高 16.1 厘米

国外收藏，现存待查

按：背光疑后补。

禅定佛坐像

十六国（400 年初） 铜鎏金 高 13.5 厘米

日本东京国立博物馆藏

按：喜龙仁《中国雕塑》（Osvald Siren

Chinese Sculpture）有收录。

禅定佛坐像

十六国（400 年初 ）铜鎏金 高 8.9 厘米
现存待查

禅定佛坐像

十六国—北魏初（400 年初 ）铜鎏金 高 15.2 厘米
原日本新田氏收藏

佛坐像

十六国（400年初） 铜鎏金 高14.5厘米
日本私人收藏

禅定佛坐像

十六国（400 年初） 铜鎏金
美国旧金山亚洲艺术馆藏

禅定佛坐像

十六国（400 年初） 铜鎏金 高 12.8 厘米
日本私人收藏

禅定佛坐像

十六国—北魏（5世纪前后）铜鎏金 高 11.4 厘米
美国纳尔逊美术馆藏

禅定佛坐像

十六国 铜鎏金 高 8 厘米

日本和泉市久保惣记念美术馆藏

禅定佛坐像

北魏（400 年初）铜鎏金 高 21.4 厘米
原日本新田氏收藏

禅定佛坐像一铺

十六国—北魏（400—450 年前后） 铜鎏金 高 27.9 厘米
日本出光美术馆藏

诞生佛像

北魏　铜鎏金　高 7 厘米

日本私人收藏

佛立像

十六国—北魏初期（400 年左右）

铜鎏金　高 7.7 厘米

日本私人收藏

菀申造佛立像

北魏太平真君四年（443） 铜鎏金 高 53.5 厘米

日本东京国立博物馆藏

发愿文：太平真君四年高阳蠡吾任丘村人菀申发愿为东宫太子造□玉菩萨
下为父母一切知识弥勒下生龙华三会听受法言一时得道申弟菀霸菀景（以
上台座背面）

菀恩菀亮侍佛时所求如意常见诸佛清信士女刘文姜菀景妻侍佛时（以上台
座左侧）

按：此像为铜佛立像，但发愿文称□玉菩萨，是称呼白石造像，何故待考。

王钟夫妻造观世音立像

北魏皇兴四年（470）铜鎏金 高 27.8 厘米
日本私人收藏

发愿文：皇兴四年七月九王钟夫妻为亡父母造
观世音像一躯愿令亡父母常与观世音共生一处

耿崇造弥勒立像（存疑）

北魏太平真君五年（444）青铜 高 29.8 厘米
意大利私人收藏

发愿文：太平真君五年岁在甲申八月十二日渔阳
人松居耿崇妻名阳口耿云耿镇耿照卫为父母口儿
造弥勒尊像龙华化生三会说法得无生法忍

按：此像造型僵硬，火焰纹呆板，莲瓣枯瘦，可
能是赝品。

韩谦造佛坐像（赝品）

刘宋元嘉十四年（437）铜鎏金 高 29.2 厘米

日本永青文库藏

发愿文：元嘉十四年岁在丑邶五朔五月一日弟（以上台座右侧）

子韩谦敬造佛像愿令亡父母妻子（以上台座背面）

兄弟值遇诸佛常与三宝共会（以上台座左侧）

按：与此像形制、尺寸完全相同的佛像至今又发现了两件：一为山东莒县文管所近
年于废品收购站发现，不鎏金；一为美国纽约怀古堂图录（1996 年）所载。两件铭
文均为元嘉二十一年皇甫员造弥勒像云云。总之此像疑点甚多，笔者已有专文辨正，
见《中原文物》2000 年第 6 期《谈元嘉十四年韩谦造金铜佛像的疑点兼及其它伪像》
一文。又金申《佛教美术丛考》论文集亦收。

刘国之造弥勒佛坐像（存疑）

刘宋元嘉二十八年（451）铜鎏金 高 29 厘米

美国弗利尔美术馆藏

发愿文：元嘉廿八年岁在辛卯……刘国之令□齐郡为父母造弥勒像一……弥……□
德成佛道

按：此像是南朝有数的带铭文的金铜佛, 此类形式应是北魏太和(477–499)时期出现。
但光背后字迹浮浅，疑为后刻款，造型上亦有值得推敲之处。总之，南朝伪款或伪
作佛像颇可迷惑人，必须注意。见金申《谈元嘉十四年韩谦造金铜佛像的疑点兼及
其它伪像》，载《中原文物》2000 年第 6 期及论文集《佛教美术丛考》。

背面

清信女□姜造无量寿佛坐像

北魏和平五年（464） 铜鎏金 高 8.6 厘米
日本私人收藏

发愿文：和平五年岁在甲辰清信女口姜为（以上
台座右侧）父母兄弟姊妹造无量寿佛（以上台座
背面）愿舍身受身常与诸佛共会（以上台座左侧）

仇寄奴造观音立像

北魏皇兴五年（471） 铜鎏金 高 25.8 厘米

日本私人收藏

发愿文：皇兴五年三月廿七日新城县民仇寄奴

为父母造观音像为亡父母上生天上……

按：新城县今属河北保定一带。

仇寄奴造佛立像

北魏皇兴五年（471）铜鎏金 高 25.8 厘米

日本私人收藏

发愿文：皇兴五年三月廿七日新城县民仇寄奴为父母造像一区愿父
母上生天上直遇诸佛下生人间候王长者（以上台座背面）
清信士仇成佛时清信士女韩□□□供主寄奴佛主伯生菩萨主阿姬侍
佛时□□僧任侍佛时（以上台座左侧）
韩双侍佛时清信士女韩□□□（以上台座右侧）

释迦、多宝二佛并坐像

北魏延兴二年（472）铜鎏金 高 16 厘米

美国旧金山亚洲艺术馆藏

发愿文：延兴二年九月五日观津县人□长生女□□□□□造多
宝一区上生天上下生人中所如是故记之

按：观津县在今河北省武邑县观津一带。

比丘某造释迦佛坐像

北魏延兴四年（474）铜鎏金 高 16.8 厘米
日本大阪市立美术馆藏

发愿文：延兴四年四月十六日比丘□□□□为师
并七世父母……敬造释迦佛像一躯

比丘法亮造弥勒像

北魏和平元年（460）铜鎏金
高 17 厘米 宽 12 厘米
美国旧金山亚洲艺术馆藏

发愿文：和平元年比丘法亮为父母
造弥勒像愿与一切众生□成佛道

版铸佛坐像

北魏（5世纪后半）铜鎏金 高 16.2 厘米 宽 11.5 厘米
日本私人收藏

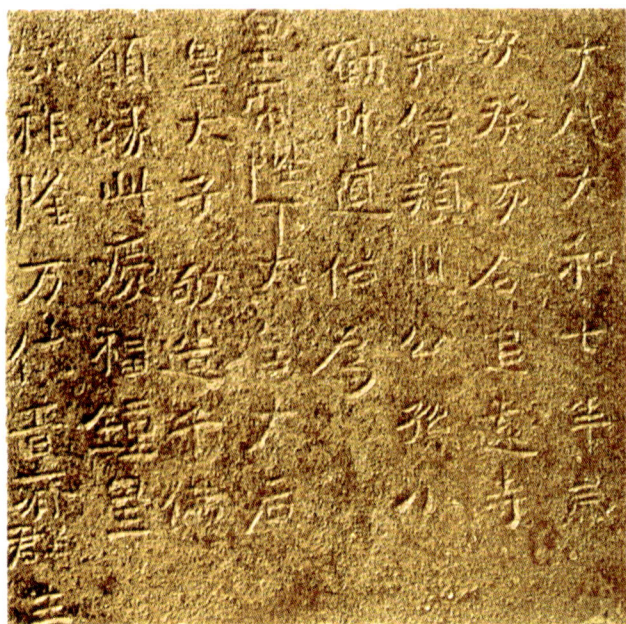

追远寺众僧造版铸佛三尊像

北魏太和七年（483） 青铜 10.9 厘米 × 11.3 厘米

日本私人收藏

发愿文：大代太和七年岁次癸亥合追远寺众僧颖川公孙小劝

所道俗为皇帝陛下太皇太后皇太子敬造千佛愿缘此庆福钟皇

家祚隆万代普济群生

按：北周时长安有名的大寺为追远寺，北魏时期的追远寺是

否与北周追远寺为同一寺院待考。一说甘肃天水附近北魏时

有追远寺。

徐敬姬造释迦、多宝二佛并坐像

北魏延兴五年（475） 铜鎏金 高18.3厘米
日本私人收藏

发愿文：延兴五年岁在乙卯七月甲午（以上台座右侧）
朔□□□□丘县人徐敬姬为父母造多宝双坐像愿生西
（以上台座背面）
方常与佛会龙花树下□共□（以上台座左侧）

佛立像

北魏（5世纪末）青铜 高15.2厘米
日本私人收藏

韩令姜造弥勒佛立像

北魏延兴五年（475）铜鎏金 高24.5厘米
日本私人收藏

发愿文：延兴五年岁在乙卯北平无终县民阳吕妻（以上台座右侧）

韩令姜为父母造弥勒一区为一切众生（以上台座背面）

按：无终县即今天津蓟县。

弥勒佛立像

北魏太和元年（477）铜鎏金 高 141.5 厘米

美国大都会博物馆藏

发愿文：太和元年正月廿四日……上为……下为边地众
生造弥勒像一躯

佛立像

北魏 青铜 高 27.4 厘米
日本私人收藏

比丘法恩造释迦文佛坐像

北魏 铜鎏金 高 47.1 厘米

原日本新田氏收藏

发愿文：比丘法恩为亡父母造释迦文佛愿使亡父母世世所
生值遇诸佛□□生□

背面

阳氏造释迦文佛坐像

北魏太和元年（477） 铜鎏金 高 40 厘米

原日本新田氏收藏，现藏中国台湾“故宫博物院”

发愿文：太和元年九月十日安熹县堤场阳□□愿已身为亡父
母造释迦文佛又为居家眷属大小现世安稳亡者生天宣语诸佛
所愿如是故记之耳

按：安熹县即今河北省定州。

背面

赵□□造观音菩萨立像

北魏太和八年（484）铜鎏金 高 23.5 厘米

日本私人收藏

发愿文：太和八年七月六日清信士赵□□为亡

父母造观世音像一区

释迦佛立像

北魏太和七年（483）高 33.2 厘米
日本私人收藏

交脚菩萨像

北魏 铜鎏金 高约 10 厘米
美国纳尔逊美术馆藏

背面

丁柱造观音立像

北魏太和八年（484）铜鎏金 高 16.5 厘米
美国旧金山亚洲艺术馆藏

发愿文：太和八年太岁在甲子辛未朔九月十九日
乐陵县人丁柱为上父造观世音像一区 丁利丁苻
兄弟六人居家大小一十六所愿从心常与佛会。
按：乐陵县即今属山东省德州。

李日光造弥勒立像

北魏太和八年（484）铜鎏金 高 24.4 厘米
日本出光美术馆藏
发愿文：太和八年十月十六日发干县人李日光
□李山之上为父母下为二房眷属造弥勒像一区
若愿合房大小长奉千圣愿愿从心所求如意
按：发干县即今山东省莘县。

杨僧昌造佛坐像

北魏太和八年（484）高 36 厘米

美国哈佛大学美术馆藏

发愿文：太和八年岁次甲子七月一日弟子杨僧昌敬造尊像一
区……延及亡息迁神净土超证无生终成正果

张王□为亡父造佛坐像

北魏太和八年 (484)　金铜　高 34.3 厘米

原作收藏不明，拓片由日本伊藤滋提供

发愿文：大代太和八年岁次甲子八月辛丑朔十四日甲寅清信士张王□为亡父
□归…造金像一区愿亡者等上升天上…速得解脱愿家□大小…以上百年…受
命延长…心中所愿无……

按：太和八年的金铜佛像制作普遍水平颇高，此像尺寸更大，细部精美，惜早
年流出国外，下落不明。此拓本为日本伊藤滋氏收藏，亦可参考，聊胜于无，
以待识者。

禅定佛坐像

北魏（5 世纪后半） 青铜 高 11.4 厘米
日本私人收藏

苏阿□造 佛坐像

北魏（太和年间、477–499）铜鎏金 高 12.7 厘米

日本大和文华馆藏

发愿文：岁次庚□清信士苏阿□为七（以上台座右侧）

世父母祖父母所生父母（以上台座背面）

□□知识等造尊像供养（以上台座左侧）

佛说法坐像

北魏（5世纪后半） 青铜 高 12 厘米
日本私人收藏

佛说法坐像
北魏 铜鎏金 高 26 厘米
美国纳尔逊美术馆藏

佛说法坐像
北魏 铜鎏金 高 31 厘米
日本私人收藏

按：原载喜龙仁《中国雕塑》（Osvald Siren Chinese Sculpture），现存待查。

佛说法坐像

北魏太和初期（480 年前后）　铜鎏金　高 7.8 厘米

按：原载喜龙仁《中国雕塑》（Osvald Siren Chinese Sculpture），现存待查。

佛禅定坐像

北魏 铜鎏金 高 14 厘米
日本私人收藏

背面

佛禅定坐像

北魏 铜鎏金 高 14.7 厘米

日本私人收藏

发愿文：比丘尼供养（台座右侧）

佛说法坐像
北魏 铜鎏金 高 18 厘米
美国弗利尔美术馆藏

佛坐像

北魏 铜鎏金 高 11 厘米
日本私人收藏

佛说法坐像

北魏 青铜
日本东京私人收藏

李伯息造无量寿佛立像

北魏太和九年（485）铜鎏金 高24.5厘米

原日本新田氏收藏

发愿文：太和九年岁在乙丑三月戊戌朔廿七日甲
子佛弟子李伯息为余身口生父母兄弟合众大小造
无量寿佛一区

禅定佛坐像

北魏太和十三年（489）铜鎏金 高25.3厘米

日本书道博物馆藏

释迦、多宝二佛并坐像

北魏太和十三年（489） 铜鎏金 高 14.9 厘米

日本私人收藏

发愿文：太和十三年八月卅日佛弟子上卜加奴妻刘□女妻□
世（以上台座正面）

姬寄生为父母造多宝像一区愿（以上台座右侧）

常与诸佛愿从心普成佛道清信女□化姬（以上台座背面）

卜保生女□男（以上台座左侧）

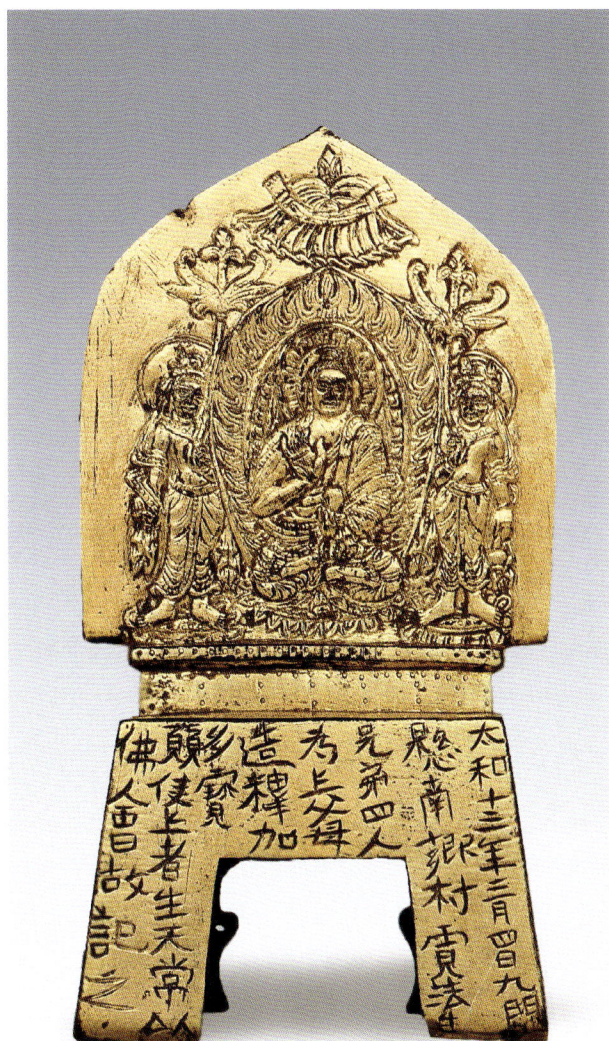

贾法生兄弟造释迦、多宝二佛并坐像

北魏太和十三年（489）铜鎏金 全高 23.5 厘米

日本根津美术馆藏

发愿文：太和十三年三月四日九门县南乡村贾法生兄弟四人

为亡父母造释加多宝愿使亡者生天常以佛会故记之。

按：九门县在今河北省嵩城市。

王虎兄弟造弥勒立像

北魏太和十六年（492）铜鎏金 高 30 厘米
日本私人收藏

发愿文：太和十六年四月十日瀛州高阳蠡吾圻上
村王虎兄弟三人上为祖父母下为所生父母造弥勒
像一躯愿居家眷属见世安稳常与佛会故记也像主
张□□父母

曹党生造弥勒像

北魏太和十七年 (493) 铜鎏金 高 23.5 厘米
日本私人收藏

发愿文：太和十七年五月九日高阳县人曹党生
自为身己敬造弥勒一躯愿居家眷属见世安稳常
与佛会

按：高阳县在今河北省保定市。

赵僧安兄弟造佛坐像

北魏太和十七年（493）铜鎏金 高 16 厘米

日本私人收藏

发愿文：太和十七年岁在癸酉佛弟子赵僧安兄弟六人为居门

大小见在安稳亡者生天所愿从心造释迦牟尼佛一区

刘偏但造释迦、多宝二佛并坐像

北魏太和二十年（496）铜鎏金 高 13 厘米
日本私人收藏

发愿文：太和廿年九月廿四日饶阳县人刘偏但为
男女造像一区今金生午男二女愿从心所求如意。
按：饶阳县在今河北衡水地区。

释迦文佛坐像

北魏太和二十二年（498）青铜 高 21.9 厘米
日本私人收藏

发愿文：仅见"太和廿二年造释迦文佛"。

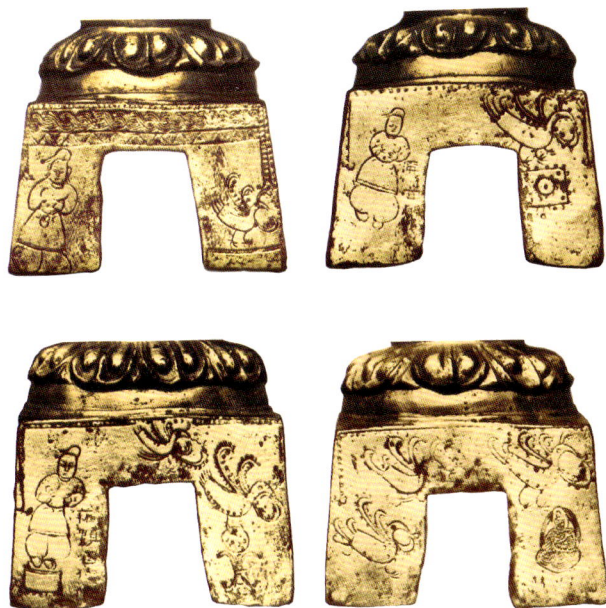

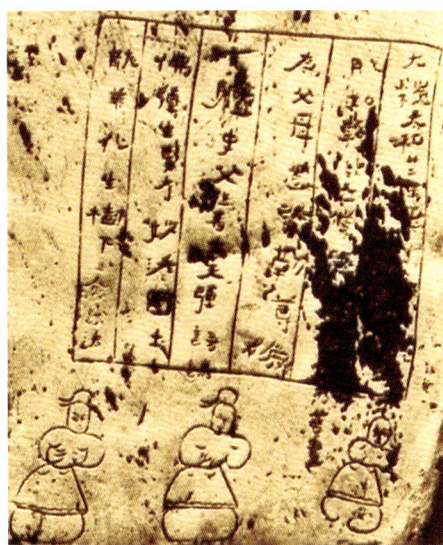

比丘僧□□普贵造弥勒佛立像

北魏太和廿二年（498） 铜鎏金 全高 39.9 厘米

日本泉屋博古馆藏

发愿文：大魏太和廿二年五月肥如县比丘僧□□普贵为父母造弥勒像一躯史父亡者生天□语诸佛□生西方妙洛国土龙华化生树下三会说法。

按：肥如县在今河北省卢龙县北。

吴道兴造观世音立像

北魏太和二十二年（498）铜鎏金 高 34.8 厘米

原日本新田氏藏品，现藏中国台湾"故宫博物院"

发愿文：太和廿二年十一月二日修县人吴道兴为亡父
母造光世音一区愿居家大小讬生西方妙法国土所求如
意兄弟姊妹六人常与佛会

按：修县，今河北景县南。

妙音寺比丘尼法度造佛像

北魏太和二十二年（498）铜鎏金 高 15.6 厘米

日本私人收藏

发愿文：太和廿二年十二月十八日妙音寺比丘尼法度敬造释迦灵像供
养缘此功德当愿皇□日新三宝方盛含生之类□修十生忍志求菩提师僧
父母逍遥自在□□灭□佛道在世间得道见出家梵饰流布大乘天广济物
悟天

普贵造佛坐像

北魏景明二年（501）铜鎏金 高 29.8 厘米

意大利国立东洋美术馆藏

发愿文：大魏景明二年岁在辛巳六月癸亥朔庚寅日□具人□
（以上台座右侧）
普贵为亡兄慧药造佛区一居家大小龙花三会（以上台座背面）
道人慧□药□□贵侍佛（以上台座正面）
大魏景明二年岁在（以上左侧）

禅定佛坐像

北魏（500 年前后）

铜鎏金 高约 8 厘米

美国纳尔逊美术馆藏

杨国造观世音像

北魏景明二年（501） 铜鎏金

高 29.3 厘米 日本私人收藏

发愿文：景明二年四月十日廮遥县
人杨国为居门□□属大小己身造观
世音像一区愿使见世安常与记之。
按：廮遥县属今河北省邢台地区。

双佛立像

北魏景明四年（503）铜鎏金

美国弗利尔美术馆藏

光背线刻观音

北魏 铜鎏金 高 12.5 厘米

日本龙泉堂旧藏

王清造佛坐像

北魏天建元年（524）铜鎏金 高 16.9 厘米

日本佐野美术馆藏

发愿文：天建元年十二月十七日弟子王清造像一区

观音立像

北魏景明四年（503）铜鎏金 高 29 厘米

意大利私人收藏

发愿文：景明四年三月……

韩愿造观音像

北魏正始元年（504）铜鎏金 高 26.3 厘米

日本出光美术馆藏

发愿文：正始元年十一月三十日高平村韩愿为亡妹敬敬造观世音像一
区亡者生天见考安隐（以上台座背面）

张世□侍佛时（以上台座右侧）

清信女□斯侍佛时（以上台座左侧）

菩萨立像

北魏（500 年前后）铜鎏金 全高 14.6 厘米
美国旧金山亚洲艺术馆藏

观音立像

北魏正始三年（506）铜鎏金　高 17.8 厘米
日本佐野美术馆藏

佛立像

北魏 铜鎏金　高 15.3 厘米
日本佐野美术馆藏

观音立像

北魏 铜鎏金　高 23 厘米
美国弗利尔美术馆藏

背面

佛立像

北魏 青铜 高 10.5 厘米
日本京都大学人文科学研究所藏

佛立像

十六国—北魏 青铜 高 12.2 厘米
日本和泉市久保惣记念美术馆藏

荣□明造观世音像

北魏永平四年（511）高 28.8 厘米

日本私人收藏

发愿文：永平四年□月十二日□□县辛
荣村佛弟荣□明为亡父生存□患愿造世
音像一区……所愿从心

习文太造观音立像

北魏中晚期 铜鎏金　高 26.8 厘米

中国台湾鸿禧美术馆藏

发愿文：清信士习文太上为皇帝陛下
亡父母逮及七世现在眷属后为无边众
生造像一躯愿一时成佛。

□妙□夫妻造观音立像

北魏延昌二年（513） 铜鎏金 高 20 厘米
日本私人收藏
发愿文：延昌二年方城人□妙□夫妻造观世音
（以上台座背面）像一□居家大小（以上台座
左侧）
按：方城，今河南南阳一带。

昙任造观世音立像

北魏熙平三年（518）铜鎏金 高 27.1 厘米
日本香川县私人藏

发愿文：熙平三年正月廿一日蒲吾县□辟寺（以
上台座右侧）道人昙任道密造观世音为父母（以
上台座背面）及一切众生所供养（以上台座左侧）

按：蒲吾县，位于今河北省平山县一带。

阳□原造弥勒立像

北魏延昌二年（513）铜鎏金 高 15 厘米
日本私人收藏

发愿文：延昌二年岁在癸巳三（以上台座右侧）
月乙卯朔廿一日乙亥泉州人阳□原为亡父亡弟
（以上台座背面）造弥勒像一区（以上台座左侧）

按：泉州县，今河北省武清县。

上曲阳民□夏□造交脚弥勒像

北魏神龟元年（518）铜鎏金 高45厘米
日本藤田美术馆藏

发愿文：大魏神龟元年三月甲辰朔三日丙午中山上曲阳民□
夏□上为过去亡父母兄弟存上居家眷属造交脚弥勒坐像一躯
并诸供养杂事愿使无边众生皆同共福讬生四方妙乐国土莲华
三会与佛相随所愿如是故记之耳

按：曲阳即今河北曲阳。交脚菩萨鸟座，无先例。疑补配而成，
待考。

比丘昙任造释迦、多宝像

北魏熙平三年（518）铜鎏金 高26厘米

法国吉美博物馆藏

发愿文：熙平三年二月十六日蒲吾灵辟寺比（以上台座右侧）丘昙任道密兄弟二人上为父母已身兄弟敬造多宝释加二世尊礼拜供养（以上台座背面）父母□侍佛时母□□□□（以上台座左侧）

按：蒲吾县在今河北平山县东南。

释迦、多宝并坐像

北魏神龟二年（519）铜鎏金 高 9 厘米

比利时私人收藏

韩□□造观世音像

北魏神龟三年（520）铜鎏金 高 26 厘米

美国弗利尔美术馆藏

发愿文：神龟三年三月一日（以上台座右侧）佛弟子韩
□□愿为亡父见孝内亲造观（以上台座背面）世音像一
区（以上台座左侧）

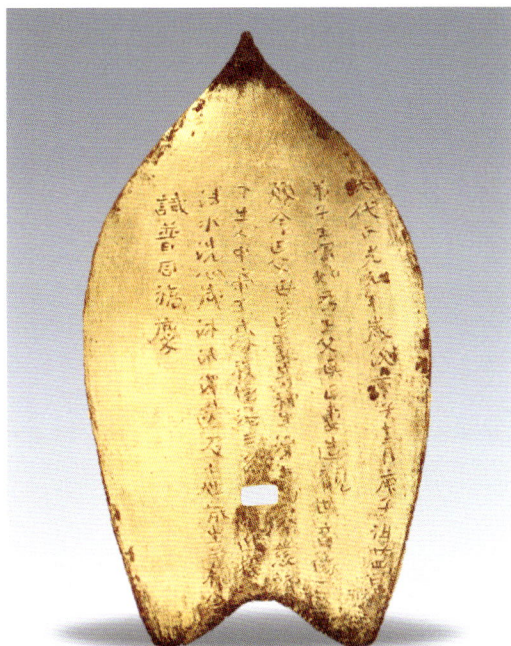

王富如造观世音立像

北魏正光元年（520）铜鎏金 高 29.84 厘米

美国旧金山亚洲艺术馆藏

发愿文：大代正光元年岁次庚子十二月庚子朔廿四癸亥弟子王富如为亡父母亡妻造观世音像一区愿今亡父母亡妻等神生净土面奉慈颜下生人中帝王豪族悟落三涯神迎接法水洗心咸沐法泽□及七世前生三有含识普同福庆

释迦佛立像

北魏正光前后（520 年左右） 铜鎏金 高 36 厘米
美国弗利尔美术馆藏

李其麟夫妻造观世音菩萨像（存疑）

北魏正光二年（521） 铜鎏金 高 27.5 厘米
日本静嘉堂文库美术馆藏

发愿文：正光二年九月八日蒲吾县宜央村李其麟
夫妻为亡父母像观世音一区□□在□金□□□
肆□神□

按：此像乍看似是北魏晚期之作，但菩萨衣饰
零乱，光背瘦挑，火焰纹绵软，覆莲瓣如平板
贴于束腰座上，可能有修补。

按：蒲吾县在今河北平山县东南。

牛猷造弥勒立像一铺

北魏正光五年（524）铜鎏金 高77厘米
美国大都会博物馆藏

发愿文：大魏正光五年九月戊申朔十八日新市
县□牛猷为广儿□秩造弥勒像一躯愿亡儿居家
眷属常与佛会

按：新市县，在今河北正定一带。

魏□玉造释迦佛像

北魏正光三年（522）铜鎏金 高 26 厘米

日本京都藤井有邻馆藏

发愿文：大魏正光三年岁次壬寅三月癸丑朔八日弟子高阳县人魏□玉造释迦佛□一躯上为皇帝有为亡父母□□□眷属有为一切□生普同斯福怀□愿未来世三宝应愿

按：高阳县今属河北省保定。

佛立像一铺

北魏正光（520-525）样式 铜鎏金 高 57 厘米

美国大都会博物馆藏

释迦佛立像

北魏（500 年初）铜鎏金 高 19.6 厘米

日本私人收藏

释迦佛立像

北魏孝昌二年（526） 铜鎏金

日本京都藤井有邻馆藏

发愿文：孝昌二年六月□□清信士佛弟子□□为亡父造像一躯愿愿
从心所愿如是

释迦佛立像

北魏正光年间（520年前后）铜鎏金 高45.1厘米

美国底特律艺术中心藏

释迦佛立像

北魏 铜鎏金 高 24.2 厘米

原日本新田氏收藏

佛坐像

北齐 铜鎏金 高 11.9 厘米
中国台湾鸿禧美术馆藏

佛坐像

梁大通二年（528） 青铜 高约 6 厘米
美国纳尔逊美术馆藏

发愿文：大通二年戊申二月朔五日清信
女……

按：南朝的纪年铜像极稀，此像是笔者
所见的南朝为数不多的佛像真品，颇可
珍视。

观音菩萨立像
东魏 铜鎏金 高 22 厘米
原法国私人收藏

神王像
北魏 青铜 高约 7.5 厘米
美国纳尔逊美术馆藏

观音菩萨立像

北魏建义二年（529）铜鎏金 高 30.5 厘米
美国旧金山亚洲艺术馆藏

发愿文：建义二年乙亥七月庚辰十日都□□清
造像一躯供奉愿育清身见存长□□□□□正
道□愿□□□七世先上拾古发菩提心一切众生
普同

佛立像

北魏永安年间（528—530）青铜 高 19.4 厘米
日本私人收藏

发愿文：永安……诺生造像一区为亡父母右为
□□□众生

佛立像

梁太清二年（548）款 铜鎏金 高 12.5 厘米
中国台湾鸿禧美术馆藏

发愿文：太岁戊辰太清二年正月一日褚……敬造……像愿寿命
延长

按：此像是相当 6 世纪中期的东魏至北齐时代的佛立像，是真
品，但光背后的刻款字迹浮浅，刀刻无力，又人为加的疤痕，很
可能是近百年加刻的南朝伪款。

观音菩萨立像

东魏 铜鎏金 高 14.5 厘米
日本私人收藏

观音立像

东魏天平元年 (534) 铜鎏金 高 20.5 厘米
英国维多利亚 · 阿尔伯特博物馆藏
按：据发愿文为今河北唐县造。

亏文生造观音菩萨立像

东魏天平三年（536）铜鎏金 高 14.1 厘米
日本滨松市美术馆藏

发愿文：天平三年二月七日亏文生造像一区□为□
（以上台座右侧）母□为亡□男女僧敬兄弟眷属大小
伯伏（以上台座背面）文法一时试佛（以上台座左侧）

郑络兴造观音立像

北齐天保五年（554）金铜 高 18.8 厘米
日本富冈美术馆藏

发愿文：天保五年四月八日燕州广佞郡下乐具人郑络兴母姊妹
二人为父母造观世音像一区（背面）右为居家眷属亡过见在大
小常与佛会愿…（左面）

按：广佞郡下乐具当即广宁郡下梁具今河北涿鹿具。

乐龙等造弥勒佛立像

东魏天平三年（536）铜鎏金 高61厘米
美国宾夕法尼亚大学博物馆藏

发愿文：天平三年三月三日定州中山上曲阳具佛弟子乐龙乐道龙乐
檀乐□乐显扶乐蘭□□乐阿□乐继□乐宾乐邑和乐思□乐
□□乐道□乐惠乐丑奴乐□安乐□贵乐法□乐保贵乐（以上台座右
侧）

僧逤乐元宾刘遵元□□义让乐显祖李传李□李龙李李□遵李□□李阿
□李神贵李思贤乐三门韩龙兴李阿保孟和李贵宾□□□安等敬造弥勒
像一区愿天下太平生生世世值佛闻□与一切众生俱成正觉（以上台
座背面）

按：定州中山曲阳应即今河北曲阳一带。

比丘道思造观世音像

东魏兴和四年（542） 铜鎏金 高 15.8 厘米

日本东京国立博物馆藏

发愿文：兴和四年四月八日比丘道思造观世音
一区上为国王？主后为七世父母所生父母边地
众生一时成佛

观音菩萨立像

东魏元象元年（538） 铜鎏金 高 16.5 厘米

图片来自 THE HANS POPPER COLLECTION
OF ORIENTAL ART.

观音菩萨立像

北齐 铜鎏金 高 8 厘米

日本私人收藏

观音菩萨立像

北齐 铜鎏金 高 25.4 厘米

现藏待查

佛坐像

北齐皇建元年（560） 铜鎏金 高 10.5 厘米
美国洛杉矶艺术馆藏

供养菩萨像

北齐 铜鎏金 高 11.4 厘米
美国纳尔逊美术馆藏

张贵庆造二佛并坐像

北齐天保五年（554） 铜鎏金 高 21.5 厘米

意大利国立东洋美术馆藏

发愿文：□州张贵庆为亡父母见存父母庆夫妻见在（以上台座右侧）

家□大小眷属皆登愿平占国王帝主边地众生（以上台座背面）

有刑之累普妙□生生世世治□间法愿（以上台座左侧）

从心所求如意 天保五年十一月廿四日（以上台座正面）

双观音立像

北齐天保八年 (557) 铜鎏金 高 16.3 厘米

日本私人收藏

发愿文：天保八年六月八日零寿县人阎常神和

阎伴神等为亡父见存内亲敬造双观世音佛一区

普为一切小眇村

按：零寿县在今石家庄地区。

观音菩萨立像

北齐 铜鎏金 高 14 厘米

原日本新田氏收藏

释迦佛坐像

北齐武平元年（570）铜鎏金 高 20.6 厘米
原日本新田氏收藏

发愿文：武平元年上曲阳县□□□□父母造释
迦佛三□父母上天□□诸……

释迦佛立像

北齐 铜鎏金 高 53.7 厘米
美国哈佛大学美术馆藏

佛立像

北齐 铜鎏金
高 21 厘米
日本私人收藏

徐大智造观音立像

陈太建元年（569） 铜鎏金 高 22.6 厘米

日本东京艺术大学美术馆藏

发愿文：太建元年十二月十日徐大智为自身造佛像及六道四□

按：此像虽有南朝陈太建铭文，然样式上是典型的隋风，于 569 年前后北朝的风格的造像不符，尚有多处疑点。可参阅笔者《解析数尊南朝的疑似佛像》一文，收入金申《佛教美术丛考》，科学出版社，2004 年。

杨氏兄弟造观世音菩萨立像

北齐太宁元年（561）铜鎏金 全高 22.6 厘米

美国弗利尔美术馆藏

发愿文：太宁元年三月廿三日佛弟子杨阳仁见□弟杨（以上右侧）元过去□兄□□□仁四人等为七世父母所（以上背面）生父母家内大小敬造官世音像一区（以上左侧）

观音菩萨立像

北齐武平元年（570）铜鎏金 高 23.5 厘米
美国旧金山亚洲艺术馆藏

发愿文：武平元年八月疫□上民出疾苦上拐焚
香二十七日功德被四海须有十祥祯来聚制度维
布□二支罗士专僧及行僧一百八员奉勅造金铜
像十区硕皇基典栢□寿典弥秦凉造

宣景兴造观音像

北齐武平二年（571）铜鎏金 高 32.7 厘米
美国旧金山亚洲艺术馆藏

发愿文：武平二年三月廿三日宣景兴敬造观音
像一区上为皇帝陛下师僧亡过父母现存夫妻普
为四思六道法界众生俱升妙果

野奴造观世音立像

北齐武平六年（575）青铜 高 17.6 厘米

日本滨松市美术馆藏

发愿文：武平六年二月廿七日敬造观音像一区像主野奴

二佛并坐像

北齐武平六年（575）铜鎏金 高 12.6 厘米

日本书道博物馆藏

发愿文：武平六年六月十七日佛弟子（以上台座右侧）等愿为七世先亡为所生父母因缘眷属合家大小口（以上台座背面）愿平安敬造父母像一区（以上台座左侧）

弟子像

北齐 铜鎏金 高 14.9 厘米
美国克里夫兰美术馆藏

半跏思惟菩萨像

北齐（6 世纪后半）铜鎏金 高 7.8 厘米
原日本新田氏收藏

弟子像

北齐（6 世纪中期）铜鎏金 高 14 厘米
美国哈佛大学美术馆藏

鹿头梵志

北齐 铜鎏金 高 18.1 厘米
美国克里夫兰美术馆藏

按：鹿头梵志为外道仙人之一，有起死回生之术，可凭敲
打骷髅音而断死者性别及前因，释迦以罗汉骷髅测其法
力，结果鹿头梵志失败而皈依佛门。敦煌莫高窟第 254、
257、428 等窟壁画中均有其形象，以金铜制的独立像甚
为罕见。

金刚力士像

北齐 铜鎏金 高 11.8 厘米
原日本新田氏收藏

金刚力士像

北齐 铜鎏金 高 8.3 厘米
日本私人收藏

佛说法坐像

隋 铜锤揲鎏金 15.4 厘米 ×15.4 厘米
美国哈佛大学美术馆藏

佛说法坐像

隋 铜锤揲鎏金 15.4×15.4 厘米
日本 MOA 美术馆藏

佛说法坐像

隋 铜锤揲鎏金 15.4 厘米 ×15.4 厘米
日本永青文库藏

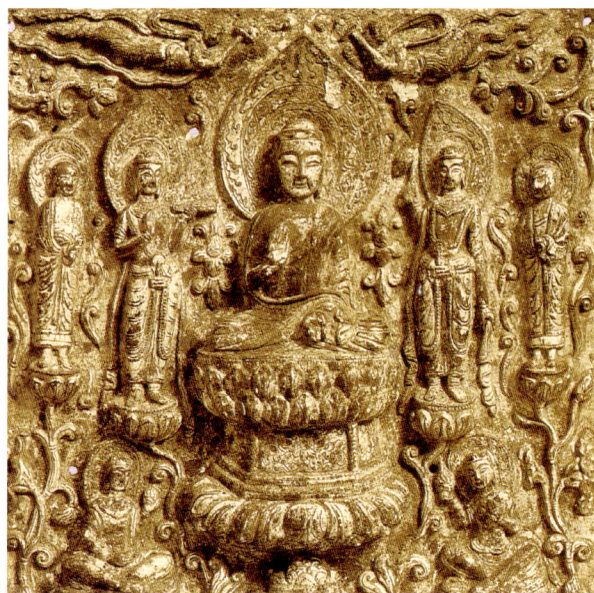

佛说法坐像

隋 铜锤揲鎏金 15.3 厘米 ×15.7 厘米
日本白鹤美术馆藏

佛说法坐像
隋 铜鎏金 高 21 厘米
美国纳尔逊美术馆藏

佛坐像（光背疑后配）
隋 铜鎏金 高 18.3 厘米
日本佐野美术馆藏

供养菩萨
北齐 - 隋 铜鎏金
美国哈佛大学美术馆藏

范氏卅人等造阿弥陀佛像一区

隋开皇十三年（593）青铜 高 76.5 厘米

美国波士顿美术馆藏

发愿文：唯大隋开皇十三季四月八日卅人等上为皇帝敬造阿
弥陀像一区范汉若母赵范诲让母赵范宝藏母李范士峻母赵
范口季母路范伯仁母李范希石母李范子希母冯

按：据说此像出土于河北省赵州桥附近，原为端方旧藏。

一佛二菩萨像

隋 铜鎏金 高 32.1 厘米
美国弗利尔美术馆藏

释迦、多宝二佛并坐像

隋仁寿元年（601）铜鎏金 高 14 厘米
原日本新田氏收藏

亲信士女张民乐造双多宝并坐像

隋大业五年（609）铜鎏金 高 21.8 厘米
美国弗利尔美术馆藏
发愿文：大业五年十月廿六日亲信士女张民
乐为父母敬造胡门双多宝像一区

双菩萨立像

隋开皇六年（586）铜鎏金 高 17.4 厘米

原日本新田氏收藏，现存中国台湾"故宫博物院"

发愿文：开皇六年十月五日敬造像二区为父母溟福

双菩萨立像

隋开皇七年（587）铜鎏金 高 31 厘米

美国弗利尔美术馆藏

发愿文：开皇七年六月□□佛弟子□□□造（以上台座右侧）像
一区上为七世父母所生父母因缘眷属□（以上台座背面）一时成
佛（以上台座左侧）

交脚菩萨像

隋 铜鎏金 高 13.2 厘米
日本佐野美术馆藏

王元长造菩萨立像

隋开皇九年（589）铜鎏金 高 24.76 厘米
日本私人收藏

发愿文：开皇九年十一月九日佛弟子王元长为祖父造像一区立愿

观音菩萨立像

隋 铜鎏金 高 14.6 厘米
日本私人收藏

观音菩萨立像

隋 铜鎏金 高 24.3 厘米
日本永青文库藏

观音菩萨立像

隋 铜鎏金 高 45.7 厘米
日本藤田美术馆藏

观音菩萨立像

隋 铜鎏金 高 36.2 厘米

日本 MOA 美术馆藏

观音菩萨立像

隋 铜鎏金 高 30.2 厘米

美国纳尔逊美术馆藏

观音菩萨立像

隋 青铜 高 16.3 厘米
日本佐野美术馆藏

观音菩萨立像

隋大业元年（605） 铜鎏金
美国旧金山亚洲艺术馆藏

背面

光背

观音菩萨立像

隋 铜鎏金 高 36 厘米

日本东京国立博物馆藏

倚坐菩萨像
隋 铜鎏金 高 17.2 厘米
原日本新田氏收藏

菩萨倚坐像
隋 铜鎏金 高 13.3 厘米
美国圣路易斯艺术馆藏

观音菩萨立像

隋 铜鎏金 高 26.4 厘米

原日本新田氏收藏，现藏中国台湾"故宫博物院"

观音菩萨立像

隋 铜鎏金 高 35.1 厘米

中国台湾鸿禧美术馆藏

观音菩萨立像

隋 铜鎏金 高 10.8 厘米
美国纳尔逊美术馆藏

观音菩萨立像

隋 铜鎏金 高 10.8 厘米
美国纳尔逊美术馆藏

观音三尊立像

隋 铜鎏金 高 17.4 厘米
原日本新田氏收藏

观音菩萨立像

隋 铜鎏金 高 26.1 厘米 日本泉屋博古馆藏
按：观音与台座的比例不协调，疑原非同物，补配而成。

背面

观音菩萨立像
隋 铜鎏金 高 28.5 厘米
日本私人收藏

观音菩萨立像
隋 铜鎏金 高 46 厘米
日本东京艺术大学藏

观音菩萨立像
隋 铜鎏金
美国旧金山亚洲艺术馆藏

观音菩萨立像
隋 铜鎏金 高 46.5 厘米
原日本新田氏收藏

观音菩萨立像

隋 铜鎏金 高 21 厘米

按：原太仓仇氏收藏品，后流入香港，现存不明。

观音菩萨立像

隋 铜鎏金　高 43.8 厘米

美国克里夫兰美术馆藏

观音菩萨立像

隋 铜鎏金 高 27 厘米

日本私人收藏

观音菩萨像一铺

隋开皇十六年（596） 铜鎏金 高 23 厘米

美国弗利尔美术馆藏

发愿文：开皇十六年五月廿八日佛弟子戒罗口

造像一躯

王贾氏造观世音像

隋开皇十九年（599） 铜鎏金 高 22.2 厘米

美国纳尔逊美术馆藏

发愿文：开皇十九年二月十五日王贾氏为修子
女亡父敬造观世音像一区

观音菩萨立像

隋 铜鎏金 高 44.3 厘米

美国大都会博物馆藏

金刚力士像

隋 铜鎏金 高 12.7 厘米

日本私人收藏

金刚力士像

隋 铜鎏金 高 10 厘米

日本私人收藏

佛说法坐像

唐 铜鎏金 高 17.2 厘米
美国旧金山亚洲艺术馆藏

倚坐佛像

初唐 铜鎏金 高 31.3 厘米
原日本新田氏收藏

背面　　　　　　　　　　　　　　　　　　侧面

法界人中佛

唐　铜鎏金　高 14.1 厘米
法国吉美博物馆藏

阿弥陀佛坐像

唐 铜鎏金 高 34.9 厘米
美国西雅图艺术馆藏

法界人中佛

初唐 铜鎏金 高 7.9 厘米
美国纳尔逊美术馆藏

佛说法坐像

初唐 铜鎏金 高 19.1 厘米
美国纳尔逊美术馆藏

佛说法坐像

唐麟德元年（664）铜鎏金 高 20.32 厘米

按：图见喜龙仁《中国雕塑》（Osvald Siren Chinese Sculpture），现存待查。

佛说法坐像

唐 铜鎏金 高 29.2 厘米

按：图见喜龙仁《中国雕塑》（Osvald Siren Chinese Sculpture），现存待查。

佛说法坐像

盛唐 铜鎏金 高12厘米
原日本新田氏收藏，现藏中国台湾"故宫博物院"

佛说法坐像

唐 铜鎏金
美国旧金山亚洲艺术馆藏

佛说法坐像

唐　铜鎏金

美国旧金山亚洲艺术馆藏

佛说法坐像

唐　铜鎏金

美国旧金山亚洲艺术馆藏

佛说法坐像
唐 铜鎏金 高约 23 厘米
美国纳尔逊美术馆藏

佛倚坐像
唐 青铜 高 14.2 厘米
日本大阪市立美术馆藏

倚坐弥勒佛像

唐 铜鎏金 高 19.4 厘米

美国纳尔逊美术馆藏

倚坐佛像

盛唐　铜鎏金　高 32.4 厘米
美国旧金山亚洲艺术馆藏

佛说法坐像
盛唐 铜鎏金 高 26.4 厘米
美国旧金山亚洲艺术馆藏

佛坐像
唐 铜鎏金 高 40.4 厘米
日本出光美术馆藏

佛说法坐像
唐 铜鎏金 高 11.5 厘米
日本佐野美术馆藏

佛说法坐像
唐 铜鎏金 高 14.4 厘米
日本佐野美术馆藏

杨愔造佛说法坐像
唐 铜鎏金
美国旧金山亚洲艺术馆藏
发愿文：天保六年五月十二日佛弟子杨愔上为皇帝祈福……长寿
弃灾合家人口平安
按：此像为典型的唐代之物，然铭文为北齐天保年，且字体柔弱，
是后人添刻伪款

金铜佛坐像

唐 高 45.7 厘米
美国阿兰纪念美术馆藏

保寿寺比丘造佛立像

唐天宝三年（744）铜鎏金 高 36.8 厘米
日本泉屋博古馆藏

发愿文：天宝三年三月朔日保寿寺比丘尼比邱愿造一躯

按：此像台座上有天宝三年款，历来研究者均作唐像。日本学
者以为台座和佛像为不同之物组合在一起。笔者认为此佛像应
为统一新罗之作，古代朝鲜半岛制作的器物也使用中国年款。
像身与台座为原装，应该是朝鲜制作的。

托钵药师佛像

唐 铜鎏金 高 16.2 厘米
日本私人收藏

佛说法坐像

五代（10 世纪） 铜鎏金 高 20.5 厘米
美国大都会美术馆藏

佛说法坐像

晚唐 – 五代 铜鎏金 高 16.5 厘米
日本私人收藏

七连佛像

唐 铜鎏金 高 9.4 厘米
美国弗利尔美术馆藏

七连佛像

唐 铜鎏金 高 19.7 厘米
日本根津美术馆藏

七连佛像

唐 铜鎏金
德国科隆东洋艺术馆藏

锤揲佛说法像

唐 铜鎏金 高 19.2 厘米

流落海外，待查

锤揲佛说法像

唐 铜鎏金 高 8.4 厘米

日本兵库县白鹤美术馆藏

锤揲佛说法像

唐 铜鎏金 23.3 厘米 × 17 厘米

日本神奈川私人收藏

按：沿称唐代，应为日本平安时期制作。

观音坐像

隋　铜鎏金

美国纳尔逊美术馆藏

倚坐菩萨像

唐　铜鎏金　高 15.8 厘米

日本佐野美术馆藏

观音立像

唐　铜鎏金　高 18 厘米

日本私人收藏

背面

观音立像

唐 铜鎏金

美国弗利尔美术馆藏

观音菩萨立像

唐 铜鎏金 高 21.2 厘米

原日本新田氏收藏

观音菩萨立像

唐 铜鎏金 高 21.4 厘米
日本佐野美术馆藏

观音菩萨立像

唐 铜鎏金 高 17.8 厘米
美国大都会博物馆藏

观音菩萨立像

唐 铜鎏金 高 30.3 厘米
美国旧金山亚洲艺术馆藏

半跏观音菩萨像

唐 铜鎏金 高 12.9 厘米
日本私人收藏

观音菩萨立像
唐 铜鎏金 高 22.9 厘米
美国大都会博物馆藏

观音立像
唐 铜鎏金 高 14 厘米
日本私人收藏

观音菩萨立像
唐 铜鎏金 高 29.8 厘米
美国旧金山亚洲艺术馆藏

十一面观音立像
唐 铜鎏金 高 17.3 厘米
日本私人收藏

六臂观音立像

唐（8世纪中期）铜鎏金 高 18.1 厘米
日本佐野美术馆藏

十一面观音立像

唐 铜鎏金 高 31 厘米
德国柏林东洋艺术馆藏

半跏观音菩萨像

唐 铜鎏金
美国旧金山亚洲艺术馆藏

十一面观音立像

唐 铜鎏金 高 21.8 厘米

德国柏林科隆美术馆藏

十一面观音立像

唐 铜鎏金

美国旧金山亚洲艺术馆藏

观音菩萨立像

唐（7世纪末—8世纪初）铜鎏金 高 17.1 厘米
日本私人收藏

观音菩萨立像

初唐 铜鎏金 高 18.2 厘米
原日本新田氏收藏

观音菩萨立像

初唐 铜鎏金 高 15.2 厘米

原日本新田氏收藏

观音半跏坐像

唐 铜鎏金 高 10.2 厘米

原日本新田氏收藏

观音菩萨立像

唐 铜鎏金 高 37.2 厘米
美国哈佛大学美术馆藏

观音菩萨立像

唐（8 世纪）铜鎏金 高 25 厘米
美国弗利尔美术馆藏

观音半跏坐像

唐 铜鎏金 高 15 厘米
美国弗利尔美术馆藏

观音半跏坐像
唐 铜鎏金
美国大都会博物馆藏

观音半跏坐像（存疑）
唐 铜鎏金 高 22.2 厘米
日本 MOA 美术馆藏
似是依据 512 页左上菩萨像仿制

观音半跏坐像

唐 铜鎏金 高 27.9 厘米
美国圣路易艺术馆藏

观音半跏坐像（存疑）

唐 铜鎏金 高 26.4 厘米
美国西雅图艺术馆藏

观音立像

唐 铜鎏金 高 23.5 厘米

海外收藏，待查

观音菩萨坐像

唐 铜鎏金

美国纳尔逊美术馆藏

地藏菩萨像

唐 铜鎏金 高 14 厘米
日本私人收藏

弟子像

唐 铜鎏金 高 24.8 厘米
美国纳尔逊美术馆藏

弟子像

唐 铜鎏金
美国哈佛大学美术馆藏

弟子像

唐 铜鎏金
美国哈佛大学美术馆藏

金刚力士
唐 铜鎏金 高 22 厘米
日本私人收藏

金刚力士
唐 铜鎏金
美国纳尔逊美术馆藏

金刚力士
唐 铜鎏金 高 8.3 厘米
日本私人收藏

邪鬼
唐 铜鎏金 高 8.3 厘米
美国西雅图艺术馆藏

金刚力士
唐（9世纪）铜鎏金
美国旧金山亚洲艺术馆藏

天王像
唐（9世纪）铜鎏金 高 8.8 厘米
日本私人收藏

狮子
晚唐（9世纪）铜鎏金
美国大都会博物馆藏

狮子
唐（8世纪）铜鎏金
美国大都会博物馆藏

老君立像

唐 铜鎏金
美国纳尔逊美术馆藏

骑狮文殊菩萨像

五代（10世纪）铜鎏金 高23厘米
原日本新田氏收藏

佛龛像

唐 铜鎏金 高 7.62 厘米 宽 3.1 厘米

美国旧金山亚洲艺术馆藏

舍利棺
唐 青铜 高 31.75 厘米
美国弗利尔美术馆藏

舍利棺
唐乾元元年（758）铜鎏金 高 29.8 厘米 长 41.6 厘米
现存待查

金刚铃

晚唐－五代 铜鎏金 铃 高 25.5 厘米 口径 6 厘米

日本和歌山金刚峰寺藏

b

c

a

金刚铃一组

a 晚唐－五代 铜鎏金 口径 5.2 厘米 铃高 7.3 厘米 总高 18.9 厘米
日本香川弥谷寺藏

b 晚唐－五代 铜鎏金 口径 6.0 厘米 铃高 8.1 厘米 总高 18.5 厘米
日本藤田美术馆藏

c 晚唐－五代－宋 铜铸 口径 5.8 厘米 铃高 8.6 厘米 总高 22.1 厘米
日本广岛西国寺藏

阿弥陀佛坐像

五代（10 世纪） 青铜
佛像高 30 厘米 二力士高 15 厘米
日本静嘉堂文库藏

倚坐佛像

五代 – 北宋 铜鎏金 高 17.4 厘米
原日本新田氏收藏

观音菩萨坐像

五代（10 世纪）铜鎏金 高 34.8 厘米
美国哈佛大学美术馆藏

观音菩萨坐像

五代（10 世纪）青铜 高 34.8 厘米
美国哈佛大学美术馆藏

观音菩萨立像

晚唐－北宋 铜鎏金 高 25.6 厘米

原日本新田氏藏

观音菩萨立像

大理国 铜鎏金 高 43.5 厘米

德国柏林科隆东洋美术馆藏

观音菩萨坐像

五代 青铜
美国哈佛大学美术馆藏

佛坐像

大理国 铜鎏金 高 30.5 厘米
伦敦斯皮尔曼东方艺术馆藏

佛说法坐像

大理国 铜鎏金
美国洛杉矶美术馆藏

佛坐像

大理国 铜鎏金 高 23 厘米
伦敦斯皮尔曼东方艺术馆藏

佛说法坐像

大理国（10世纪）铜鎏金 高 21.9 厘米
美国旧金山亚洲艺术馆藏

观音菩萨立像

大理国 铜鎏金
美国洛杉矶美术馆藏

观音菩萨半跏坐像
大理国 铜鎏金 高 37.8 厘米
原日本新田氏收藏

观音菩萨半跏坐像
大理国 铜鎏金 高 29.8 厘米
原日本新田氏收藏，现藏中国台湾"故宫博物院"

观音菩萨坐像

大理国 铜鎏金 高 28.5 厘米

原日本新田氏收藏

佛说法坐像
大理国 铜鎏金 高 43.2 厘米
美国旧金山亚洲艺术馆藏

准提观音坐像
大理国 铜鎏金 高 35.5 厘米
原日本新田氏收藏

准提观音坐像
大理国 铜鎏金
美国大都会博物馆藏

观音菩萨立像
大理国 铜鎏金 高 28.5 厘米
海外收藏，具体待查

观音菩萨立像
大理国 铜鎏金 高 55.7 厘米
日本泉屋博古馆藏

观音菩萨立像

大理国　铜鎏金

美国大都会博物馆藏

观音菩萨立像

大理国 铜鎏金 高 25.6 厘米

原日本新田氏收藏，现藏中国台湾 "故宫博物院"

观音菩萨立像

大理国 铜鎏金 高 44.5 厘米
美国旧金山亚洲艺术馆藏

观音菩萨立像

大理国 铜鎏金 高 34 厘米
美国旧金山亚洲艺术馆藏

大黑天像

大理国 铜鎏金 高 45.5 厘米
英国大英博物馆藏

大黑天像

大理国
美国旧金山亚洲艺术馆藏

大黑天像

大理国 铜鎏金
美国旧金山亚洲艺术馆藏

金刚力士
五代—北宋 铜鎏金 高 18.2 厘米
原巴黎古董商克里斯汀·戴迪收藏

背面

天王像
五代 铜鎏金 高 15.5 厘米
美国大都会博物馆藏

佛坐像

辽代 铜鎏金 高 11.5 厘米
伦敦斯皮尔曼东方艺术馆藏

佛立像

辽代 铜鎏金 高 19 厘米
伦敦斯皮尔曼东方艺术馆藏

阿弥陀佛坐像

辽 铜鎏金 高 26 厘米
美国纳尔逊美术馆藏

观音菩萨立像

辽 铜鎏金 高 20.6 厘米
日本滨松市美术馆藏小杉惣市藏品

观音菩萨立像

辽 铜鎏金
美国纳尔逊美术馆藏

观音菩萨立像

辽代 铜鎏金 高 19 厘米
伦敦斯皮尔曼东方艺术馆藏

观音菩萨立像

辽 铜鎏金
美国旧金山亚洲艺术馆藏

观音菩萨坐像

辽 铜鎏金 高 11.4 厘米
美国哈佛大学美术馆藏

观音菩萨坐像

辽 铜鎏金 高 21 厘米
原太仓仇氏藏品，现存待查

观音菩萨坐像

辽（11 世纪）铜鎏金 高 14.6 厘米
现存待查

按：图片来自 THE HANS POPPER COLLECTION OF
ORIENTAL ART.

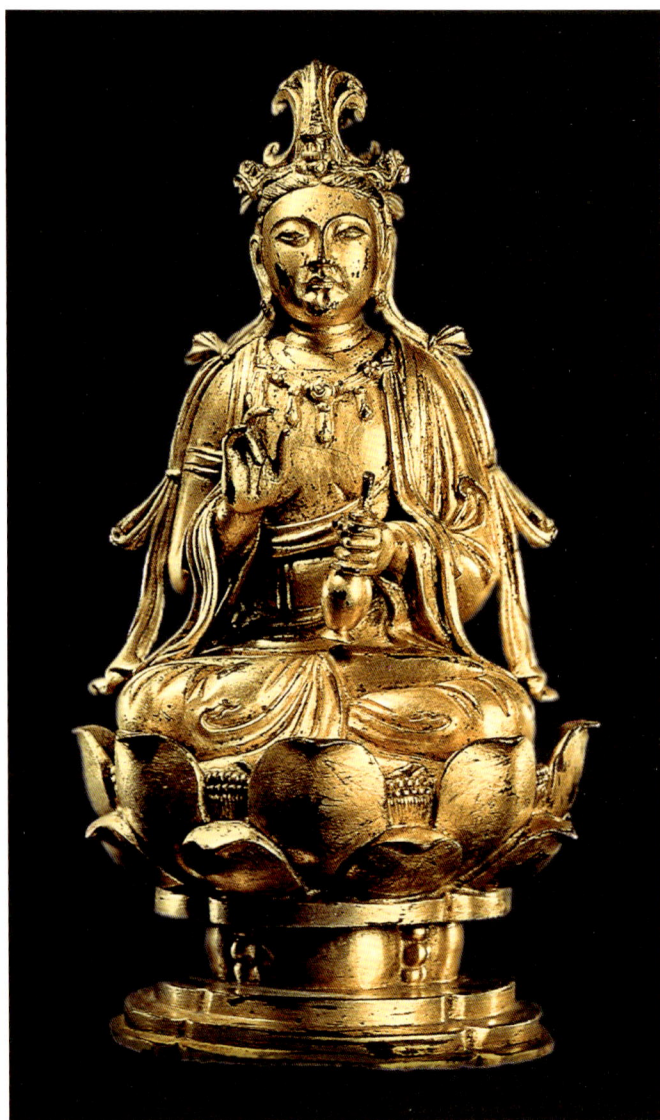

观音菩萨坐像

辽 铜鎏金 高 20.2 厘米
英国大英博物馆藏

观音菩萨坐像
辽 铜鎏金 高约 16 厘米
美国纳尔逊美术馆藏

观音菩萨半跏坐像
辽 铜鎏金 高 13 厘米
荷兰阿姆斯特丹国立博物馆藏

观音菩萨立像

辽 铜鎏金 高 13.8 厘米
原日本新田氏收藏

观音菩萨坐像

辽 铜鎏金 高 11 厘米
荷兰阿姆斯特丹国立博物馆藏

骑象普贤菩萨像

辽 铜鎏金 高 16.8 厘米

日本滨松市美术馆藏

骑狮文殊菩萨像

辽 铜鎏金 高 16.8 厘米
日本滨松市美术馆藏

骑狮文殊菩萨像

辽宋 青铜 高17厘米
美国克里夫兰美术馆藏

骑象普贤菩萨像

辽 铜鎏金 高12.6厘米
日本佐野美术馆藏

观音菩萨坐像

辽 铜鎏金
美国纳尔逊美术馆藏

观音菩萨坐像

金（13世纪） 铜鎏金 高17厘米
日本私人收藏

观音菩萨坐像

元（14世纪） 铜鎏金 高34厘米
美国旧金山亚洲艺术馆藏

毗卢遮那佛（大日如来）像
明 铜鎏金 高约 150 厘米
美国斯坦福大学美术馆藏

阿弥陀佛像
元 铜鎏金 高 27.6 厘米
原日本新田氏收藏

佛头部
明 铜漆金 残高 108 厘米
英国维多利亚·阿尔伯特博物馆藏

四方佛像

明代 青铜 高 51.5 厘米

中国台湾礼瀛艺术品公司收藏

按：四方佛分别为毗卢佛、释迦佛、药师佛和阿弥陀佛
组成，此种组合较少见。

佛禅定坐像

明 铜鎏金 高约 20 厘米
美国纳尔逊美术馆藏

一佛二菩萨像（存疑）

时代不明 铜鎏金
美国哈佛大学美术馆藏

按：此像主体上是元明代样式，但菩萨装饰等似又模仿唐
代样式，风格不统一，真伪待考。也有可能是朝鲜制作的。

旃檀佛像

明－清 青铜 高 116.2 厘米
美国底特律艺术中心藏

接引佛像

明 铜鎏金 高 27.6 厘米
原日本新田氏收藏

接引佛像

明（15世纪）铜鎏金 高32厘米
英国大英博物馆藏

阿弥陀佛（接引佛）立像

明丙寅年（1446）铜鎏金 高61.5厘米
日本东京龙泉堂古董店旧藏

发愿文：丙寅年荣府造阿弥陀佛十尊

观音坐像

明（15 世纪） 铜鎏金 高 55.9 厘米
美国旧金山亚洲艺术馆藏

释迦诞生像

明 铜鎏金 高 15.1 厘米
日本私人收藏

释迦诞生像

明 17 世纪 铜鎏金 高 17.8 厘米
美国旧金山亚洲艺术馆藏

胁侍菩萨立像

明弘治二年（1489）铁铸 高 134 厘米
美国旧金山亚洲艺术馆藏

发愿文：司马社功德主郭普社 介二保功德主普福良 王普璜丰
安北功德主 王普俊 僧人弘广同施主□□喜舍资财铸造弘治二
年吉日造

白衣观音像

明 铜鎏金 高 137.2 厘米
美国旧金山亚洲艺术馆藏

王雷等造佛说法坐像

明正德十五年（1520） 铁铸 高 96.5 厘米
美国旧金山亚洲艺术馆藏

发愿文：□□王□王□王□王□王雷正德十五年

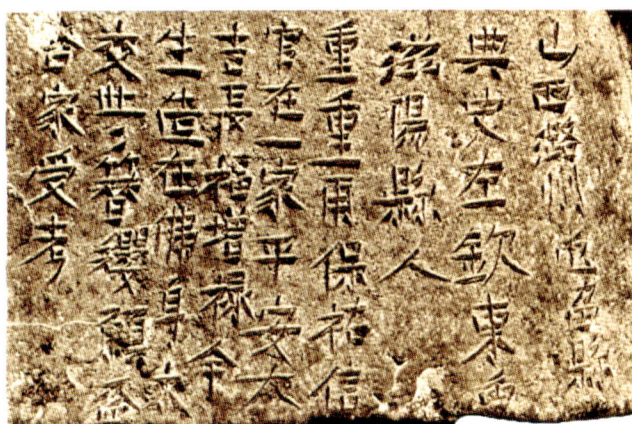

佛半身残像

明中期 铁铸 高 94 厘米

美国旧金山亚洲艺术馆藏

发愿文：山西潞州□□县典史左钦东□滋阳县人重
重再保佑信官在一家平安大吉长福增禄今生造在
佛身求交世世簪缨愿益合家受考

观音菩萨坐像

明 青铜 高 19.3 厘米
原日本新田氏收藏

千手千眼观音

明 铜鎏金 高 35.2 厘米
原日本新田氏收藏

水月观音

明 铜鎏金 高 12.8 厘米
原日本新田氏收藏，现藏中国台湾"故宫博物院"

观音菩萨坐像

明（16 世纪） 铜鎏金 高 50 厘米
美国旧金山亚洲艺术馆藏

自在观音

明 铜鎏金 高 28.7 厘米
英国大英博物馆藏

男相观音像

明 铜鎏金 高 23.5 厘米
法国吉美博物馆藏

雪山大士

明（16世纪）铜鎏金 高 55.9 厘米
美国旧金山亚洲艺术馆藏

雪山大士

明 铜鎏金 高 44.1 厘米
美国克里夫兰美术馆藏

男相观音像

明 铜鎏金 高 43.5 厘米
伦敦斯皮尔曼东方艺术馆

罗汉头部
明 铁铸
海外收藏，待考

雪山大士
明（16世纪）铜鎏金 高 12.7 厘米
美国旧金山亚洲艺术馆藏

罗汉坐像
明 铜鎏金 高 15.2 厘米
英国伦敦私人藏

罗汉坐像

明 铁铸 高 83 厘米
伦敦斯皮尔曼东方艺术馆藏

罗汉坐像

明成化十八年（1482） 铁铸 高 80 厘米
法国吉美博物馆藏

道教人物
明 青铜 高约 150 厘米
美国斯坦福大学美术馆藏

道教人物
明 青铜 高约 150 厘米
美国斯坦福大学美术馆藏

玄武大帝

明 青铜 高 27 厘米
瑞士瑞特保格博物馆藏

道教尊像

明 铜鎏金
美国大都会博物馆藏

金刚力士

明 铜鎏金 高 13.5 厘米
日本佐野美术馆藏

方保造关公坐像

明嘉靖四十三年（1564）铜漆金 高 61 厘米
美国旧金山亚洲艺术馆藏

发愿文：嘉靖甲子年南京尚膳监奉御方保造

千佛龛像

辽（11 世纪中期）铜鎏金 高 14 厘米 宽 10.2 厘米
日本大和文华馆藏

按：此像主尊为大日如来，周围为千佛。左右有轴孔，
当年应有双门，是携带式龛像。

宝箧印陀罗尼塔

五代显德二年（955）青铜 高 20.2 厘米
日本东京国立博物馆藏

发愿文：吴越国王钱弘俶敬造八万四千宝塔乙卯岁记

按：此类吴越王钱弘俶造宝箧印铜塔，在中国及日本遗存尚多，笔者有专
文《吴越国王造宝箧印阿育王塔》（《佛教美术丛考》，科学出版社，2004 年）。

宝箧印陀罗尼塔

五代显德二年（955）青铜 高 18.5 厘米
日本福冈誓愿寺藏

发愿文：吴越国王钱弘俶敬造八万四千宝塔乙卯岁记

邪鬼

宋 铁铸 高 41 厘米
德国柏林科隆东洋艺术馆藏

敦煌·西域佛像

侧面

背面

佛头部

十六国（4世纪）青铜　高 17 厘米
日本东京国立博物馆藏

大谷探险队于和田发现

佛头部

十六国（4世纪）青铜　高 13.6 厘米
日本私人收藏

大谷探险队于和田发现

索阿后造石塔

北凉 雕石 高 16.9 厘米
美国克里夫兰美术馆藏
原出自甘肃敦煌地区

发愿文：凉皇大沮渠缘禾
四年岁在亥三月廿九日休
息昙智法定信士索阿后羌
儿□弥又惠仲□并妻息童
仆共立此塔各为父母师长
君王国主及一切众生愿共
成最正觉

按：详见殷光明《北凉石塔
研究》，台湾觉风佛教艺术
基金会出版，2000 年 6 月。

宋庆及妻张氏造佛塔

北京（5世纪中期） 砂岩 高66厘米

德国柏林国立印度博物馆藏

吐鲁番地区发现

发愿文：宋庆……妻张……

佛坐像

北魏 膏泥加彩 高 40 厘米
美国纳尔逊美术馆藏

原出敦煌莫高窟

胡跪菩萨像

唐 泥塑 高 121.9 厘米
美国哈佛大学博物馆藏

原出敦煌莫高窟

菩萨立像

唐 木雕 高 38 厘米

法国吉美博物馆藏

原出敦煌莫高窟

十一面观音立像

唐（8 世纪）木雕 高 38 厘米

德国国立印度美术馆藏

发现于高昌吐峪沟

佛坐像（7 世纪）

初唐 泥塑 高 102 厘米
德国国立印度美术馆藏

新疆七格星石窟出土

菩萨立像

初唐 泥塑 高 52 厘米
德国国立印度美术馆藏

发现于新疆七格星石窟

菩萨立像

初唐 泥塑 高 52 厘米
德国国立印度美术馆藏

发现于新疆七格星石窟

菩萨立像

唐 泥塑 高 38.3 厘米
德国国立印度美术馆藏

发现于新疆七格星石窟

菩萨头像

初唐 泥塑加彩 高 46.5 厘米
日本东京国立博物馆藏

原出新疆库木吐喇石窟

婆罗门僧像

初唐 泥塑 高 46.5 厘米
德国国立印度美术馆藏

德国探险队发现于新疆七格星石窟

婆罗门僧像

初唐 泥塑 高 42.5 厘米
德国国立印度美术馆藏

德国探险队发现于新疆七格星石窟

侧面

背面

菩萨头部

初唐（7世纪） 泥塑加彩 高 20 厘米
日本丝绸之路研究所藏

大谷探险队发现于新疆库木吐喇石窟

菩萨残像

唐（7世纪） 泥塑 高 33.6 厘米
法国吉美博物馆藏

原出新疆库木吐喇石窟

佛立像

唐（7世纪） 泥塑 高 65.5 厘米
德国国立印度美术馆藏

原出新疆克孜尔石窟

供养人像

唐（8世纪）泥塑加彩

法国吉美博物馆藏

原出新疆库木吐喇石窟

供养人头像

初唐 泥塑加彩 高 16.5 厘米

日本东京国立博物馆藏

原出新疆库木吐喇石窟

佛坐像

初唐（7世纪）木雕 高16厘米
德国国立印度美术馆藏 新疆图木舒克发现

菩萨残像

初唐 泥塑 高35厘米
德国国立印度美术馆藏 原出新疆克孜尔石窟

佛头部

初唐 木雕 高12.5厘米
德国国立印度美术馆藏 新疆图木舒克发现

菩萨头部

初唐 泥塑 高27厘米
德国国立印度美术馆藏 原出新疆克孜尔石窟

菩萨头部

唐（7世纪） 泥塑 高 19 厘米
日本东京国立博物馆藏 新疆图木舒克出土

菩萨头部

唐（7世纪） 黏土 高 38 厘米
法国吉美博物馆藏 新疆图木舒克出土

菩萨立像

初唐 泥塑 高 72.7 厘米
德国国立印度美术馆藏 新疆图木舒克出土

佛像饰件

唐 膏泥 高 17 厘米
韩国国立中央博物馆藏

日本大谷探险队发现于新疆和田

佛像饰件

唐 膏泥 高 15.5 厘米
韩国国立中央博物馆藏

日本大谷探险队发现于新疆和田

双头佛像

西夏 泥塑加彩 高 62 厘米

俄罗斯国立艾尔米塔什博物馆藏

原内蒙黑水城出土

僧人像

宋 砖雕彩塑 高约 28 厘米
印度新德里博物馆藏

斯坦因探险队发现于敦煌

禅定僧像

宋 砖雕彩塑 高 28 厘米
韩国国立博物馆藏

大谷探险队发现于敦煌

僧人像

宋 砖雕彩塑 高约 28 厘米
印度新德里博物馆藏

斯坦因探险队发现于敦煌

禅定僧像

宋 砖雕彩塑 高 24.4 厘米
大英博物馆馆藏

斯坦因发现于敦煌

佛坐像龛

隋－初唐　木雕加彩
高 26 厘米　宽 11 厘米　厚 5 厘米
法国吉美博物馆藏

新疆库车出土

佛龛像

隋－初唐（600 年前后）　木雕　高 28.2 厘米
英国大英博物馆藏

斯坦因发现于新疆七格星明屋

佛龛像

晚唐（9 世纪）木雕 高 31.7 厘米
美国纳尔逊美术馆藏

出土于中亚地区

佛龛像

初唐 木雕 高 18.5 厘米 法国吉美博物馆藏

按：原出敦煌莫高窟，亦有说自库车、吐鲁番发现。

佛龛像

初唐 木雕 高 13.3 厘米

俄罗斯国立艾尔米塔什博物馆藏

新疆和田出土

地藏菩萨龛像

中唐（9世纪）木雕 高 11.2 厘米
德国国立印度美术馆藏

德国探险队发现于新疆高昌

佛立像龛

隋唐（7世纪初）木雕 高 36.2 厘米
美国大都会博物馆藏

发现于新疆高昌

共命鸟

隋唐 泥塑 高 11.7 厘米
日本东京国立博物馆藏

新疆和田发现

按：金申《佛教美术丛考》有专文论述。

舍利盒

隋－唐（6－7世纪）漆木彩绘 高 32.3 厘米 直径 38.3 厘米
日本东京国立博物馆藏

日本大谷探险队发现于新疆库车地区

礼佛图（存疑）

北齐（6 世纪）砖制 高 43.18 厘米 宽 68.58 厘米
美国旧金山亚洲艺术馆藏

按：此砖所出不详，从人物的胡服装束来看应是北齐时代
所造。但树的表现手法太写实，真伪存疑。

佛龛像

隋 砖模制 高 18.2 厘米 宽 15.8 厘米
日本奈良博物馆藏

千佛龛像

隋 砖模制 高 21.6 厘米 宽 20.3 厘米
美国旧金山亚洲艺术馆藏

模制佛塔

唐 砖模制 高 7.9 厘米
日本私人收藏

佛说法像

唐 砖模制 8 厘米 ×8 厘米
日本奈良博物馆藏

倚坐佛像

唐 砖模制 高 13.8 厘米
日本私人收藏

倚坐佛像

唐 砖模制 高 9.2 厘米 宽 7.7 厘米
日本私人收藏

佛龛像

唐 木雕 高 11 厘米

日本私人藏

按：此即所谓携带式龛像，笔者有专
文论及。见金申《佛教美术丛考》，
科学出版社，2004 年。

佛龛像

晚唐 木雕 高 23.1 厘米
日本金刚峰寺藏

佛龛像

唐 木雕 高 13.9 厘米
韩国升州松广寺藏

佛龛像

北宋 木雕 高 18.2 厘米 宽 10.8 厘米
日本京都报恩寺藏

佛龛像

宋 木雕 高 19.2 厘米 宽 17.6 厘米 厚 6.2 厘米
日本广岛严岛神社藏

按：风格上判断，或是朝鲜、日本雕刻。

折叠后的形状

佛龛像

五代（900 年前后） 高 22.2 厘米
美国大都会博物馆藏

佛龛像

南宋 木雕 高 20.9 厘米
日本京都知恩院藏

佛龛像

五代－宋 木雕
高 19.2 厘米 宽 17.6 厘米 厚 6.2 厘米
日本和歌山普门院藏

按：疑为日本制作。

佛坐像

唐 干漆夹纻 高 96.5 厘米
美国大都会博物馆藏

佛坐像

隋 干漆夹纻 高 99.5 厘米
美国弗利尔美术馆藏

佛坐像

宋—金 干漆夹纻 高 96.5 厘米
美国大都会博物馆藏
据标注原出河北正定大佛寺

旃檀佛像

北宋雍熙二年（985） 木雕 高 160 厘米

日本京都清凉寺藏

按：此像为日本旅华僧人奝然于归国前在台州请张延皎、延袭
兄弟雕刻后运往日本的。见金申《日僧奝然在台州模刻的旃檀
佛像》，《佛教美术丛考》，科学出版社，2004 年。

涅槃佛像

宋 木雕 长约 200 厘米
美国斯坦福大学博物馆藏

雪山大士像

元 干漆夹纻 高 77 厘米
美国宾夕法尼亚大学博物馆藏

观音菩萨半跏坐像

明 木雕 高127厘米

美国旧金山亚洲艺术馆藏

佛立像

明 木雕

美国洛杉矶美术馆藏

佛坐像

清 木雕 高约 80 厘米
美国旧金山亚洲艺术馆藏

如意轮观音

宋 木雕 高 17.9 厘米
日本奈良法隆寺藏

按：此像被认为是唐代传入日本之作，但风格、
气氛上与唐还有差别，似是日本所制。

菩萨坐像

唐末（9 世纪）干漆夹纻 高 44 厘米
美国克里夫兰美术馆藏

观音坐像

宋 木雕加彩 高 90 厘米
瑞士瑞特保格博物馆藏

水月观音像

金—元 木雕加彩　高 114.2 厘米
英国维多利亚・阿尔伯特博物馆藏

十一面观音立像

宋 木雕 高 62.8 厘米
美国克里夫兰美术馆藏

水月观音

南宋（13世纪）木雕 高131厘米
伦敦斯皮尔曼东方艺术馆藏

水月观音像（存疑）

元－明 木雕加彩 高241厘米
美国纳尔逊美术馆藏

观音立像

金 木雕 高 146.1 厘米
美国克里夫兰美术馆藏

观音立像

宋－金 木雕 高 218.5 厘米
美国克里夫兰美术馆藏

菩萨坐像

金（12世纪）木雕
英国维多利亚·阿尔伯特博物馆藏

观音立像

金－元 木雕 高162.9厘米
美国克里夫兰美术馆藏

水月观音像

金－元 木雕 高138厘米
美国克里夫兰美术馆藏

观音残像

宋－金　木雕
美国克里夫兰美术馆藏

观音立像

金－元（13世纪）　木雕
美国弗利尔美术馆藏

观音立像

宋－金（12世纪）　木雕　高203厘米
法国吉美博物馆藏

菩萨立像

金明昌六年（1195）木雕 高 190 厘米
加拿大皇家安大略博物馆藏

发愿文：□明昌六年南步沉村□行者请到平
阳府洪洞县贾颜记笔

菩萨立像

金 木雕 高 185.5 厘米
加拿大皇家安大略博物馆藏

观音残像

金 木雕
美国大都会博物馆藏

观音坐像

宋—金（12世纪）木雕加彩 高 132 厘米 宽 107 厘米
美国旧金山亚洲艺术馆藏

自在观音

金 木雕 高 118.1 厘米
美国大都会博物馆藏

观音立像

宋—金 木雕
德国科隆博物馆藏

菩萨立像

金（12世纪）木雕 高 115.5 厘米
美国大都会博物馆藏

菩萨立像

金（12世纪）木雕加彩 高 190.5 厘米
美国纳尔逊美术馆藏

观音坐像

金（12世纪）木雕加彩 高 232 厘米
美国波士顿美术馆藏

观音立像（存疑）
金（13世纪）木雕
美国纳尔逊美术馆藏

观音立像
金（13世纪）木雕
美国大都会博物馆藏

观音坐像

金元 木雕 高 94 厘米
美国大都会博物馆藏

观音立像

元 木雕加彩 高 99.6 厘米
美国大都会博物馆藏

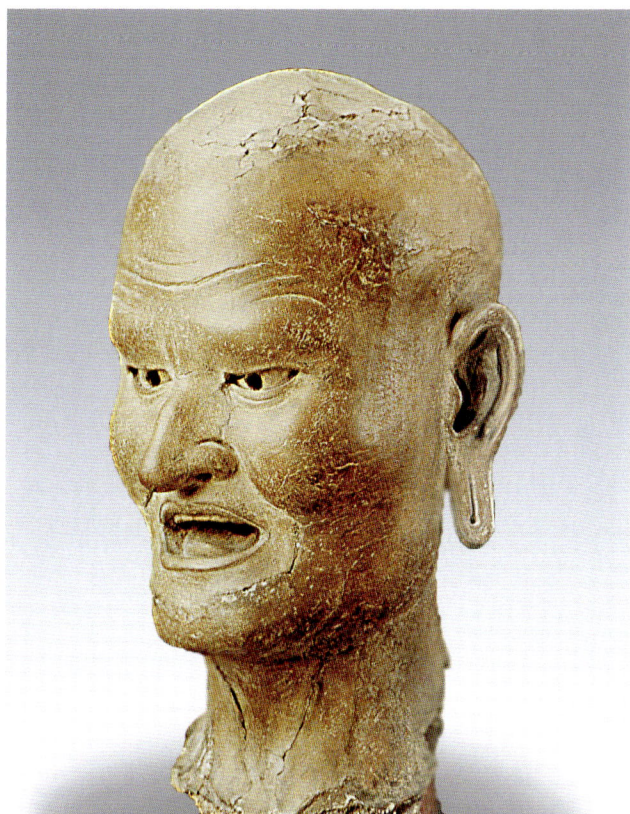

罗汉头部

宋 夹纻 高 30.6 厘米 美国波士顿美术馆藏

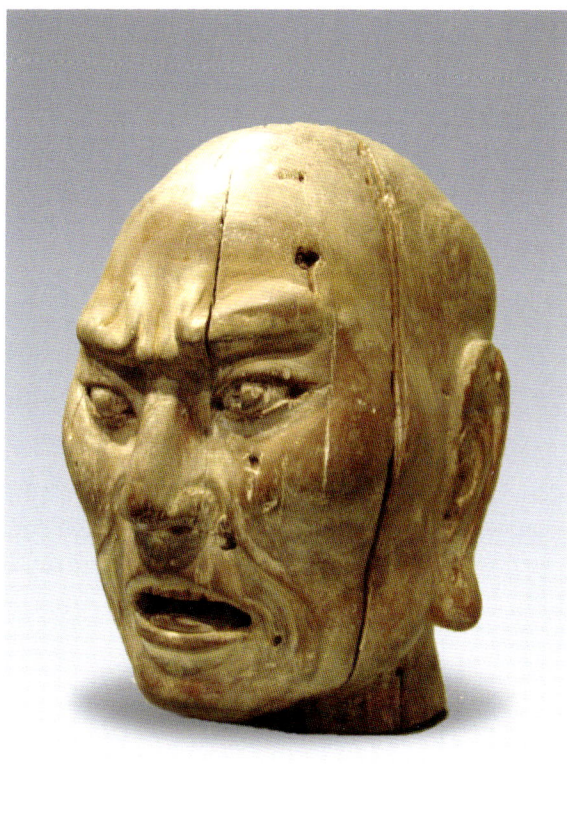

罗汉头部

明 木雕 高 29.2 厘米 美国旧金山亚洲艺术馆藏

禅定僧像

北宋元符二年（1099） 干漆夹纻 高 44.5 厘米 国外收藏

发愿文：元符二年乙卯岁次九月五日毕施主强升童行高文应文卯造

像人刘运

善财童子

明 木雕 美国大都会博物馆藏

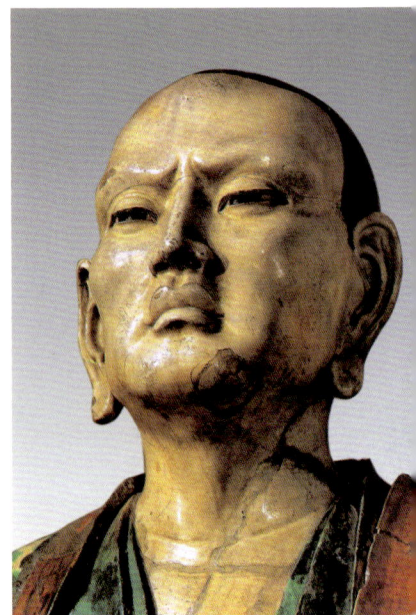

罗汉坐像

辽 陶三彩 高 117 厘米
美国纳尔逊美术馆藏 原出河北易县八佛洼

按：辽三彩罗汉群民国初年被发现，后陆续流入欧、美、日本等国，至今有确切下落的约十尊左右。参见金申《河北易县八佛洼辽代三彩陶罗汉》载《佛教美术丛考》，科学出版社，2004 年。

罗汉坐像

辽 陶三彩 高 104.7 厘米
美国大都会博物馆藏　原出河北易县八佛洼

罗汉坐像

辽 陶三彩
美国大都会博物馆藏　原出河北易县八佛洼

罗汉坐像

辽 陶三彩 高 110 厘米
英国大英博物馆藏　原出河北易县八佛洼

罗汉坐像（头部后补）

辽 陶三彩 高约 110 厘米

美国波士顿美术馆藏　原出河北易县八佛洼

按：此像历来见于图录，然头部与身躯系两件不同之物拼接而成，近年馆方取下了头部，又据想象复原了头部，然亦不尽人意。

罗汉坐像

辽 陶三彩 高 126.4 厘米

加拿大皇家安大略博物馆藏　原出河北易县八佛洼

按：头部疑补配。

罗汉坐像

辽 陶三彩 高 110 厘米

法国吉美博物馆近年入藏　原出河北易县八佛洼

罗汉坐像

辽 陶三彩 高 117 厘米

美国宾夕法尼亚大学博物馆藏　原出河北易县八佛洼

佛坐像

明末 三彩瓷 高 89 厘米
美国旧金山亚洲艺术馆藏

天尊像

明（16 — 17 世纪） 三彩瓷 高 103 厘米
美国旧金山亚洲艺术馆藏

阿弥陀三尊像

明万历四十六年（1619）彩瓷
高 55.2 厘米 宽 44.5 厘米

发愿文：上品上生三心圆发帝理深明金台随往
即证无生万历四十六年正月十七日禅僧海峰徒
寿山孙妙禄妙福阳城县道济厢琉璃匠乔永丰男
乔常正乔常远

关公像

明末—清初（17 世纪） 木雕 高 120 厘米
英国维多利亚·阿尔伯特博物馆藏

国外博物馆中西文对照

美国大都会博物馆	The Metropolitan Museum of Art
美国弗利尔美术馆	The Freer Gallery of Art
美国克里夫兰美术馆	The Cleveland Museum of Art
美国纳尔逊美术馆	William Rockhill Nelson Gallery of Art
美国旧金山亚洲艺术博物馆	The Asian Art Museum of San Francisco
美国西雅图美术馆	Seattle Art museum
美国辛辛那提美术馆	Cincinnati Art Museum
美国费城美术馆	Philadelphia Museum of Art
美国底特律美术馆	The Detroit Institute of Art
美国圣路易斯美术馆	The Saint Louis Art museum
美国斯坦福大学美术馆	The Denver Art Museum
美国洛杉矶美术馆	Los Angeles County Museum of Art
美国芝加哥艺术中心	Art Institute of Chicago
美国明尼波里斯艺术中心	Minneapolis Institute of Arts
美国自然历史博物馆	American Museum of Natural History
美国波士顿美术馆	Museum of Fine Arts, Boston
美国弗吉尼亚美术馆	Virginia Museum of Fine Arts
美国哈佛大学博物馆	William Hayes Fogg Art Museum, Harvard University
美国耶鲁大学美术馆	Yale University Art Gallery
美国普林斯顿大学博物馆	The Art Museum, Princeton University
美国宾夕法尼亚大学博物馆	University Museum, University of Pennsylvania

美国火奴鲁鲁艺术学院	Honolulu Academy of Arts
美国芝加哥大学美术馆	David and Alfred Smart Gallery, University of Chicago
美国斯坦福大学博物馆	Stanford University Museum
美国菲尔德自然历史博物馆	The Field Museum of Natural History
加拿大皇家安大略博物馆	Royal Ontario Museum, Canada
澳大利亚新南威尔士艺术馆	Art Gallery of New South Wales
瑞典远东博物馆	Museum of Far Eastern Antiquities
法国吉美博物馆	Museum Guimet, Paris
英国大英博物馆	The British Museum, London
英国维多利亚·阿尔伯特博物馆	Victoria & Albert Museum,England
德国柏林东亚美术馆	Berlin East Asia Art Museum, German
德国科隆美术馆	Cologne Art Museum, German
德国法兰克福博物馆	Museum of Frankfurt , German
瑞士瑞特保格博物馆	Rietberg Museum, Switzerland
荷兰阿姆斯特丹国立博物馆	Rijksmuseum, Amsterdam
荷兰国立民族学博物馆	National Museum of Ethnology, Netherlands
俄罗斯国立艾尔米塔什博物馆	The State Hermitage Museum, Russia

再版后记

　　拙著初版距今竟已十五年了，恍如昨日，赖读者喜用，早已售罄，网购竟至洛阳纸贵，千金难求。承上海古籍出版社慧眼，再次重新排版制图，颇费工时，由衷感谢。这十几年偶翻阅此书，又陆续发现若干瑕疵，且有几处硬伤，本次一并改正，以免谬种流传，贻误学人。然学无止境，见仁见智，仍望读者不吝指正。

　　时在壬寅夏月沪上疫情清除之际，祈上海古籍出版社重印本书能获读者好评为盼也。

金申

2023 年 5 月于京西借紫斋